Franz Walther Ilges, Mihály Munkácsy

M. von Munkacsy

Franz Walther Ilges, Mihály Munkácsy

M. von Munkacsy

ISBN/EAN: 9783744644730

Hergestellt in Europa, USA, Kanada, Australien, Japan

Cover: Foto ©ninafisch / pixelio.de

Weitere Bücher finden Sie auf **www.hansebooks.com**

Künstler-Monographien

In Verbindung mit Andern herausgegeben

von

H. Knackfuß

XL

M. von Munkacsy

Bielefeld und Leipzig
Verlag von Velhagen & Klasing
1899

M. von Munkacsy

Von

F. Walther Ilges

Mit 121 Abbildungen nach Gemälden und Zeichnungen

Bielefeld und Leipzig
Verlag von Velhagen & Klasing
1899

Von diesem Werke ist für Liebhaber und Freunde besonders luxuriös ausgestatteter Bücher außer der vorliegenden Ausgabe

eine numerierte Ausgabe

veranstaltet, von der nur 50 Exemplare auf Extra-Kunstdruckpapier hergestellt sind. Jedes Exemplar ist in der Presse sorgfältig numeriert (von 1—50) und in einen reichen Ganzlederband gebunden. Der Preis eines solchen Exemplars beträgt 20 M. Ein Nachdruck dieser Ausgabe, auf welche jede Buchhandlung Bestellungen annimmt, wird nicht veranstaltet.

Die Verlagshandlung.

Für den Kritiker ist es stets ein etwas unbehagliches Gefühl, wenn er sich ganz auf eigene Weisheit beschränkt sieht und nicht auf die bequeme Handbibliothek fleißiger Vorarbeiter zurückgreifen kann. Sonderbarerweise tritt nun dieser Quellenmangel bei Michael von Munkacsy noch in stärkerem Maße zu Tage, als man bei dem Ansehen, das seine Kunst, auch beim größeren Publikum, überall genießt, annehmen dürfte.

Durch liebenswürdiges Entgegenkommen von Frau Cécile von Munkacsy — der hierfür sowie für die bereitwilligst erteilte Reproduktionserlaubnis von Skizzen und Bildern ihres Gatten an dieser Stelle der verbindlichste Dank ausgesprochen sei — wurde es mir zwar ermöglicht, alles, was der Künstler im Laufe der Zeit an Zeitungskritiken über seine Werke, an Studien und Entwürfen, Briefen, Dokumenten u. s. w. angesammelt hatte, zu sichten und für die Monographie zu benutzen. Leider aber war trotz des Umfanges dieses Materiales die Ausbeute an verwendbaren Beiträgen zur Lebens- und Kunstgeschichte des Meisters nur gering. Einesteils erwiesen sich die Zeitungsausschnitte als fast gänzlich wertlos — die Gründe werden wir später kennen lernen —, anderenteils war leider Munkacsy selber kein „Sammler" von Erinnerungen aus seinem Leben oder von Belegen zu seinem künstlerischen Entwickelungsgang; fanden sich doch in den Mappen des Malers fast nur seine bekanntesten Werke in Reproduktionen vor, während sich von den kleineren Gemälden nur in wenigen Fällen Abbildungen oder Hinweise erhalten haben.

So war ich in der Hauptsache auf die eigenen Aufzeichnungen eines langjährigen Verkehrs mit dem Künstler, auf die Erzählungen seiner Gattin wie seiner Jugendfreunde und Kollegen aus München und Düsseldorf und — für die ältere Zeit — auf Munkacsys eigene im Druck erschienenen Memoiren als Quellen zu seiner Monographie angewiesen. Besonderen Dank habe ich hier für Mitteilung von wertvollen Notizen vor allen den Herren Professoren Jakobus Leisten in Düsseldorf, Ludwig Knaus in Berlin, J. von Brandt und J. von Uhde in München abzustatten.

Immerhin konnte ich nach Zusammenfügung aller Bausteine auf ein ziemlich vollständiges Werk blicken und darf hoffen, daß, wenn auch noch einzelne Lücken und kleinere Fehler nachzuweisen wären, jetzt eine feste Grundlage geschaffen ist, auf die Kritik weiterbauen kann.

Nach der „interessanten" Seite hin wäre es leicht gewesen, die Lebensbeschreibung des Künstlers zu erweitern; eine Beschreibung der von ihm gegebenen prunkvollen Feste, eine vergrößerte Anekdotensammlung und anderes hätten vielleicht auch ihre Leser gefunden, doch nur eine Aufgabe konnte uns vorgezeichnet sein: Munkacsys Persönlichkeit wie seine Kunst dem Publikum menschlich näher zu bringen, ein einheitliches Bild der geistigen Welt des eigenartigen Malers zu geben und zugleich — auch in scheinbar Nebensächlichem — die Märchen zu zerstören, die allem Anscheine nach der Zukunft als Thatsachen überliefert zu werden drohten.

Es bleibt mir noch übrig, meinen herzlichsten Dank allen denen gegenüber auszusprechen, die das Werk durch ihr Entgegenkommen gefördert haben: Herrn Ch. Sedelmeyer in Paris, der die Reproduktion einer großen Anzahl Munkacsyscher Bilder bereitwilligst gestattet hat, Frau Hauptmann C. Barnewitz in Köln a. Rh., die außer ihrem von Munkacsy gemalten Porträt zahlreiche Skizzenblätter des Meisters zur Verfügung gestellt hat, Herren Braun und Schneider, Verleger der „Fliegenden Blätter" in München und — last not least — meinen eigenen Herren Verlegern, durch deren Opferwilligkeit es mir unter anderem ermöglicht wurde, eine größere Anzahl von unveröffentlichten Werken des Malers zum Zweck der Wiedergabe in der „Munkacsy-Monographie" photographieren zu lassen. —

Straßburg i. Els.-Neudorf, den 22. Februar 1899.

F. Walther Ilges.

Michael von Munkacsy in seiner Tracht als ungarischer Magnat.
Nach einer Photographie vom Jahre 1896.

Michael von Munkacsy.

I.

Die „Hängekommission" des Pariser Salons 1870, des letzten unter dem Kaiserreiche, befand sich in voller Thätigkeit, die angekommenen Bilderkisten wurden geöffnet und ihr Inhalt von den anwesenden Kunstepikureern mit kritischem Blick verschlungen, als ein Herr Nivières außer Atem zu dem bekannten Bilderhändler Goupil kam:

„Sie müssen sofort mit mir zum Ausstellungspalast kommen — ein Maler aus Düsseldorf hat etwas eingeschickt — großartig sage ich Ihnen! Ein Herr... kiks — kaks — kaks..."

Goupil ließ es sich nicht zweimal sagen; er kam, sah und bewunderte, wie Herr Nivières prophezeit hatte; da er aber nicht nur Kunstfreund und Kunstkenner, sondern auch Bilderhändler war, blieb seine Begeisterung nicht bei den üblichen Ausrufen freudigen Erstaunens stehen; ohne sich einen Augenblick zu besinnen, ließ er sich zum Nordbahnhof fahren und erschien noch am selben Tage im Atelier des jungen Düsseldorfer Malers mit dem schweren Namen, um dem erstaunten Künstler alles, was an Skizzen, Studien und fertigen Bildern sich vorfand, abzukaufen und sogar einige neue Gemälde zu bestellen.

Abb. 1. Selbstkarikatur Munkacsys aus dem Anfange der 70er Jahre.

So war Munkacsy wirklich über Nacht berühmt geworden, denn Herr Nivières und Goupil hatten mit ihrer Voraussicht recht gehabt: „Der letzte Tag eines Verurteilten" (Abb. 36) erregte im Salon ungeheures Aufsehen und erhielt die goldene Medaille.

In Düsseldorf war nun allerdings der sechsundzwanzig Jahre alte Künstler auch kein ganz unbekannter Mann gewesen. Seine Freunde prophezeiten ihm eine Zukunft, und das Publikum war durch einige in der Kunsthandlung von Leopold Conzen ausgestellte Werke auf den jungen eigenartigen Ungarn aufmerksam geworden, so daß sich sogar ein amerikanischer Mäcenas fand, der ihm für den „Verurteilten" vor seiner Ausstellung in Paris den unglaublichen Preis von zweitausend Thalern zahlte! Einen so plötzlichen, allgemeinen und durchschlagenden Erfolg hätte sich freilich niemand träumen lassen — Munkacsy selber wohl am wenigsten!

Und doch, das Wunderbarste an der ganzen Sache ist noch nicht einmal dies schnelle Berühmtwerden als solches, — hat doch jeder Künstler mehr oder weniger

Abb. 2. Zeichnung, von Munkacsy im Alter von sechzehn Jahren angefertigt.

Stunden und in den Nächten anzueignen wußte, auch in seiner Kunst ein Autodidakt!

Dem Höchsten hatte er zugestrebt, mit eisernem Fleiße, immer nur das eine Ziel im Auge, ein großer Künstler zu werden. Jetzt war der Erfolg da; in einem Alter, wo seine Kameraden noch mitten im Lernen waren, erhob sein Werk ihn in die Reihe der berühmtesten Zeitgenossen, und ihn, der alle Entsagungen willig auf sich genommen hatte, ihn blendete jetzt der Erfolg. Einen Augenblick zwar nur, aber er blendete ihn. Die bange Frage legte er sich vor, ob einem Werke die Gunst des Publikums zu verdanken — wunderbar bei Munkacsy ist die schnelle künstlerische Entwickelung des Malers, der krasse Gegensatz einer trostlosen Vergangenheit und glänzenden Zukunft!

Wer den lang aufgeschossenen, schmächtigen jungen Mann mit seinem krausen Haar und der verschnürten ungarischen Sammetjacke sah (Abb. 33), ahnte wohl nicht, welche Entbehrungen der Künstler durchzumachen hatte, bis es ihm durch eisernen Willen und eine geradezu chinesische Bedürfnislosigkeit gelang, das erstrebte Ziel zu erreichen. Munkacsy war im wahren Sinn des Wortes ein self made man: mit vierzehn Jahren stand er — fünf Gulden in der Tasche — als Tischlergeselle allein in der Welt, ohne Eltern und nur auf sich, nur auf seiner Hände Arbeit angewiesen. Und trotzdem regte sich ein geheimes, ihm selber unklares Streben in seiner Brust, das Ahnen eines höheren Lebens, das Ahnen einer Kunst; keine liebende Hand eines Vaters führte ihn auf den richtigen Weg, er mußte ihn selber finden und fand ihn; mit sechzehn Jahren begann er seine Ausbildung, ein Mann im Fühlen und Wollen; nicht nur in der Bildung, die er sich in freien

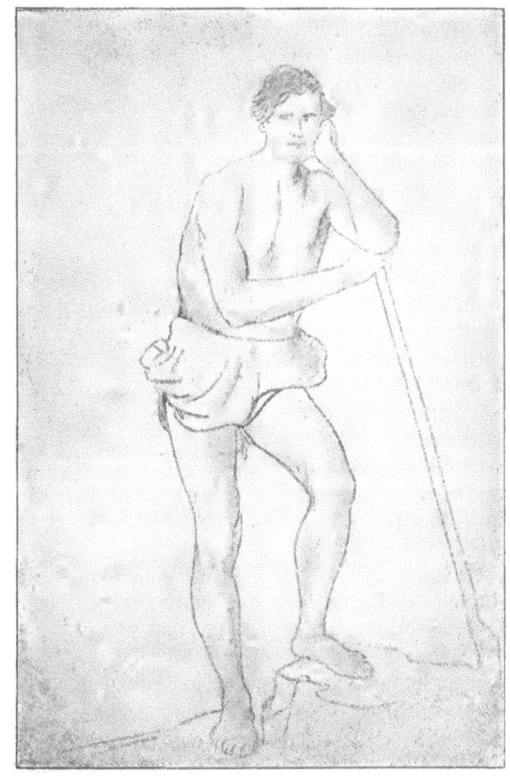

Abb. 3. Jugendzeichnung Munkacsys (Akt).

er auch imstande sein werde, seine Kunst auf der Höhe des „Verurteilten" zu halten. Einen Augenblick verzweifelte er — wir werden seine Stimmung später genauer kennen lernen — verzweifelte er an seinem Talent, er war dem Selbstmorde nahe; doch die Krisis ging vorbei, und sicher schritt er auf dem eingeschlagenen Wege weiter.

„Der letzte Tag eines Verurteilten," erzählte er später Herrn Boyer d'Agen, „verurteilte mich auch, nur mit Werken ähnlicher Größe aufzutreten. Welche Anstrengungen hat es mich gekostet, einen Erfolg, den ich sicherlich nicht verdiente, aufrecht zu halten! Das Gute ist dabei, daß er mich verhinderte, mir auch nur eine einzige Ruhestunde zu gönnen."

Ja, keine einzige Ruhestunde hat er sich gegönnt; er eilte von Erfolg zu Erfolg; Ruhm und Ehren und Reichtum trugen ihm seine Werke ein, und doch hat er sein Leben eigentlich nie genossen. Als er jung war, hatte er mit dem bittersten Elend zu kämpfen: „Wie die weite, weiße, tote Schneefläche der ungarischen Pußta erscheint seine Jugend; sie wäre gar leicht zu malen: ein ebener Horizont, soweit man sehen kann — Schnee im Winter, Staub im Sommer und sonst nichts ..." Und als er älter ward und sein Streben belohnt wurde, da war ihm, wie er selbst sagte, die Kunst zu ernst, um die versäumten Jugendfreuden nachzuholen; und dann kam die Krankheit, langsam, schleichend, immer weiter um sich greifend, jahrelang, und jahrelang arbeitete er weiter, unermüdlich, solange er noch fühlte, daß er den Aufgaben gewachsen war.

Zuweilen freilich beschlich ihn der bange Zweifel. „In solchen Augenblicken," konnte E. Bukovics schon im Jahre 1887 schreiben, „in solchen Augenblicken versichert er, daß er sofort der Kunst zu entsagen entschlossen sei, wenn er bereinst fühlen werde, daß ihn seine Kraft verlasse. Er träumt dann, wie er ohne Sorgen und Aufregungen ganz der Beruhigung seiner Nerven in einem vergessenen Winkel werde leben können ..."

Abb. 4. Ein Pharisäer. (Aus dem Gemälde Christus vor Pilatus.)
(Mit Genehmigung des Verlegers Ch. Sedelmeyer in Paris.)

Es sollte auch dazu nicht kommen. Plötzlich brach er zusammen, auf der Höhe seiner Kunst, die er auch mit seinem letzten Werke, dem „Ecce homo", nicht verlassen hatte. Er ahnte sein Ende, als der letzte Pinselstrich gethan war. „Nun wohl," sagte er vor dem fertigen Bilde zu Herrn

Boyer d'Agen, „soll ich es Ihnen vor diesem Ecce homo gestehen, nun fühle ich mich müde."

Die Entbehrungen der Jugend, wie die geistigen Anstrengungen des Mannesalters hatten ihre unauslöschlichen Spuren zurückgelassen. Seine Kraft war gebrochen, und wie sein Haar vor der Zeit bleichte, so fiel auch der große Geist vor der Zeit zusammen. Eine wahre Tragödie! —

II.

Jedes Jahr, wenn der Sommer zur Neige ging, suchte Munkacsy auf einige Wochen Ruhe und Erholung in la Malou, einem kleinen südfranzösischen Badeorte.

Hier, wo nichts ihn an die tägliche Arbeit erinnerte, ließ er, fern vom Treiben einer Welt, in der er oft genug sich langweilte, seine Gedanken in die Vergangenheit zurückschweifen. So entstand ein kleines Heftchen mit seinen „Erinnerungen". Es ist keine geordnete Erzählung der Begebenheiten seiner Kindheit: wie ihm die Bilder vor die Augen traten, warf er sie hin; einfach und naiv wie seine Kunst, ist auch hier die Wiedergabe, und ein feiner humoristischer Ton weiß auch die traurigsten Ereignisse abzuschwächen und dem Leser eine peinliche Stimmung zu ersparen. Alles aber atmet Leben, verrät einen scharfen, beobachtenden Blick und hinterläßt einen tiefen, nachhaltigen Eindruck.

Die Aufzeichnungen des Künstlers waren ursprünglich nicht für die Welt bestimmt; dem nur zu erklärlichen Vergnügen, mit dem wir, halb wehmütig, halb stolz vergangenen, überstandenen Leides gedenken, haben wir

Abb. 5. Der Ankläger. (Aus dem Gemälde Christus vor Pilatus.)
(Mit Genehmigung des Verlegers Ch. Sedelmeyer in Paris.)

sie zu danken, und es ist das große Verdienst des Herrn Boyer d'Agen, sie durch seine Veröffentlichung [1]) dem Publikum übermittelt zu haben.

Es ist ein eigentümliches Buch. Keine „Memoiren" hat Munkacsy geschrieben, er spricht weder von seinen Werken, noch von den Ehren, die ihm zu teil wurden — er erzählt einfach und schlicht seine Kindheit. Er weiß uns keinen Abriß zeitgenössischer Kunst zu bieten, wie Goethe in „Wahrheit und Dichtung", keine welterschütternden Ereignisse schildert er aus eigener Anschauung und selbst der an Greueln so überreiche ungarische Freiheitskampf 1848 und

---

[1]) Munkácsy Mihaly: Souvenirs. L'Enfance. Paris 1896. Deutsche Ausgabe: Michael von Munkacsy: Erinnerungen. Die Kindheit. Berlin 1897.

1849 zieht nur flüchtig und schemenhaft
an dem düsteren Horizonte vorüber, in
dessen enger Welt sich das Leben des klei=
nen, verwaisten Tischlerlehrlings abspielt.

Und doch ist diese Lebensgeschichte —
vom rein menschlichen wie vom litterari=
schen Standpunkte aus — interessant; die
Gestalten treten deutlich, greifbar vor un=
sere Augen; wir blicken in das Innere
der Schreinerwerkstatt hinein, sehen den
ersten unbeholfenen künstlerischen Versuchen
zu und folgen den kindlichen Zukunfts=
träumen, die sich freilich noch nicht über
die Kunsthöhe eines wandernden Porträt=
malers und Zeichenlehrers zu erheben wagen.
— Es ist merkwürdig, welche Anziehungs=
kraft Memoiren und Briefe, Handzeich=
nungen, Manuskripte und Autographen
großer Männer auf uns ausüben. Fertige
Werke mögen wir bewundern, die Person
des Künstlers aber bringen sie uns nicht
so nahe wie jene; man kann sogar be=
haupten, daß, je reiner, abgeklärter und
vollendeter ein Kunstwerk ist, desto mehr
die Gestalt, die greifbare Persönlichkeit des
Meisters dahinter verschwindet. Es ist
nicht etwa reine Neugierde, wenn wir von
einem großen Mann mehr noch wissen
wollen, als was in seinen Thaten und
Werken zu uns spricht. Unwillkürlich drängt
es uns, den Menschen im Künstler
erkennen zu können und, wenn auch un=
bewußt, den Reiz des Menschlichen, des
Persönlichen auf uns wirken zu lassen.

So tritt uns auch Munkacsy in seinen
Aufzeichnungen entgegen. Freilich müssen
wir — was übrigens für jeden Biographen
eines großen Mannes zutrifft — bei Ver=
wertung seiner eigenen Erzählung stets be=
denken, daß wir aus seinem Munde nicht
immer die objektive Wahrheit vernehmen
können. Als er in seinen Erinnerungen
blätterte, hatten diese inzwischen in seinem
Geiste ein anderes Aussehen angenommen.
Überstandenes Leid sah er durch die ver=
klärende Brille der Erinnerung, und wer
sich von Jugendbekannten Munkacsys Epi=
soden seines damaligen Lebens erzählen
ließ oder gedenkt, in welcher Art der Künst=
ler selber noch in den siebziger Jahren von
seiner freudlosen Vergangenheit sprach, muß
erstaunt sein, dieselben Scenen in so mild
abgetönter, humoristischer Darstellung in
den „Erinnerungen" wiederzufinden.

Abb. 6. Jugendzeichnung Munkacsys.

Munkacsy weiß es selber, denn er schreibt
(diese wie manche der im folgenden ange=
führten Stellen fehlt in der Ausgabe der
„Souvenirs" von Boyer d'Agen. Vergl.
Claude Bento: Les Salons de Paris en 1889.
Paris 1891. — Ich gebe sie durchgängig
ebenso wie Munkacsys Äußerungen und
Briefe in deutscher Uebersetzung, statt fran=
zösisch wie im Originale): „Ich plaudere
und plaudere und bedenke nicht, wie un=
interessant all' diese Einzelheiten ohne Zu=
sammenhang erscheinen werden. Und doch,
wie wohlthuend ist es mir, in die Ver=
gangenheit mich zu versenken, einzuwühlen
wie in einen duftenden Heuhaufen, um zu
versuchen, die so schnell entflohenen Stunden
von neuem zu erleben! Wenn ich denn
dabei verweile, trotzdem ich nichts beson=
ders Merkwürdiges zu erzählen weiß, so
geschieht es, weil ich mit Behagen mein
Gedächtnis anstrenge, um volles Licht auf
jene Zeit zu werfen. Jede Kleinigkeit

Abb. 7. **Pilatus.** (Aus dem Gemälde Christus vor Pilatus.)
(Mit Genehmigung des Verlegers Ch. Sedelmeyer in Paris.)

möchte ich wieder aufleben lassen — ich bemühe mich durch Analysierung diese reizende, anziehende Empfindung wiederzufinden, die in meiner Erinnerung lebt.

Ich habe unrecht! Seitdem habe ich erfahren, wie alles, was wirklich im Leben besteht, was man sezieren kann und dessen ‚warum' man begreift, seinen Reiz und selbst den Wert für uns verliert. Wenn in Wahrheit jene Zeit solchen Reiz auf mich ausübt, so liegt ihr Zauber in meiner Einbildungskraft. Was könnte interessant sein im Leben eines sich selbst noch unbewußten Kindes? Seine Freuden sind ein Nichts, und seine Thränen fließen meistens um eine Züchtigung! Ach, oft genug enteilen jene — die Freuden — gar schnell, und diese, die Thränen, fließen fort und fort — das ganze Leben lang..."

Für unsere Arbeit sind die selbstgeschriebenen Erinnerungen Munkacsys natürlich von größtem Werte; wir folgen ihnen, zuweilen freilich verbessernd, vom Anfange bis zum Ende, ohne sie jedoch weiter zu benutzen, als es zur Festlegung der Jugendereignisse und zur Kennzeichnung des künstlerischen Entwickelungsganges Munkacsys nötig erscheint. Wer in die Seele des Kindes schauen will, wer andererseits einen Eindruck von der klaren, einfachen und doch so gemütstiefen Persönlichkeit des Meisters erhalten will, muß auf die „Erinnerungen" selbst zurückgreifen. Sie bilden ein Ganzes, das nicht zerrissen werden kann.

Leider hören die „Erinnerungen" gerade dort auf, wo das eigentliche Künstlerleben Munkacsys beginnt und er vom Lande nach Pest übersiedelt. Wir wissen, daß er die Absicht hatte, das Werkchen fortzusetzen, „es wird erst interessant werden," sagte er, „wenn ich im folgenden meine Kunstanschauungen erläutern kann."

Freilich vermissen wir durch das Fehlen einer Fortsetzung seiner eigenen Lebensbeschreibung auch in rein biographischer Hinsicht viel; die entbehrungsreiche Entwickelungszeit in Pest, Wien und München ist leider bis heute fast ganz in Dunkel gehüllt, und erst in Düsseldorf können wir das Leben Munkacsys etwas genauer verfolgen. Wenn es nun auch wahrscheinlich ist, daß der Künstler über diese Jugendjahre uns einigen Aufschluß gegeben hätte, wenn die tückische Krankheit ihn nicht mitten im Schaffen niedergeworfen hätte, mag es doch dahingestellt sein, ob er seine Absicht, uns seine Kunstanschauungen im einzelnen darzulegen, hätte ausführen können. Nach dem, was die Selbstbiographieen anderer großer Männer uns lehren, müssen wir die Frage verneinen. Wer das Bedürfnis fühlt, über sein eigenes Leben zu schreiben, wird vorzugsweise sich mit der Jugendzeit beschäftigen; sie liegt klar vor dem geistigen Auge; was sich unserem Gedächtnisse am schärfsten einprägt, ist die Erinnerung an jene Jahre, wo jedes, auch das unbedeutendste Ereignis sich der noch unbeschriebenen Tafel unseres Geistes eingrub; was wir später erlebten, und wenn es noch so wichtig war, vermag an Schärfe und Klarheit nicht mit jenen ersten Bildern zu wetteifern, und nur wenige Erlebnisse des Mannes nimmt der Greis als dauerndes Erinnerungsgut mit ins Alter hinein.

Zu beklagen bleibt es immerhin, daß unsere Quellen über Munkacsys eigentliche Entwickelungsjahre so spärlich fließen. Alle bisherigen Veröffentlichungen, die sich mit ihm beschäftigen, sind ungenau und fehlerhaft. Auch auf ihn, wie eigentlich auf jeden großen Mann, kann man das Schillersche Wort anwenden, daß sein Charakterbild in der Geschichte — vor allem in der zeitgenössischen Geschichte — schwankt. So wird benn erst die Nachwelt das endgültige Urteil über den Künstler sprechen und ihm seinen Platz anweisen, wenn das ganze Bild seiner Zeit und ihrer Kunst sich in reinen Linien aufgezeichnet hat; den Mitlebenden aber bleibt doch die wichtige Aufgabe überlassen, Klarheit zu schaffen über sein Leben, seinen Charakter und die Art seines künstlerischen Schaffens, Klarheit, solange es noch Zeit ist, denn gerade er ist eine Persönlichkeit geworden, um die schon in der Mitwelt die Legenden ihren phantastischen Schleier zu weben begonnen haben.

III.

Munkács, ein kleiner ungarischer Flecken im Komitate Beregh am Fuße der Karpathen (Abb. 8), war bis zu den siebziger Jahren vielleicht nur durch W. Müllers vielgelesenes Griechenlied bekannt: „Ypsilanti saß auf Munkács' hohem Turme."

Ein Tischlerlehrling nimmt den Namen seiner Vaterstadt an, wird später ein berühmter, ein weltberühmter Mann, und wenn heute ein Fremder durch Munkács kommt, darf man es ihm nicht übel nehmen, wenn er vielleicht glauben mag, die Stadt sei erst zu Ehren des Malers, — Munkács zu Ehren Munkacsys benannt worden.

Michael Lieb war königlicher Salzsteuereinnehmer in Munkács, als ihm von seiner zweiten Frau, Cäcilia geb. Röck

Abb. 8. Munkács. Nach einer Photographie.

(Abb. 10) am 20. Februar 1844 ein dritter Sohn geboren wurde, der in der Taufe den Namen Michael („Miska" Kosename) Leo erhielt (Geburtshaus s. Abb. 9). (Aus erster Ehe stammte eine Tochter, die sich mit General Bilam vermählte.) — Die Schreibart des Familiennamens von Munkacsys Mutter scheint nicht festzustehen: Röck wird der Name auf dem Grabdenkmal, Roek in Munkacsys „Erinnerungen" und Reök von der Mutter selbst geschrieben.

Der Vater Lieb hatte fünf Kinder: Emil (lebt noch jetzt als Finanzkommissar in Miskolcz), Aurel (wollte Priester werden, starb als Seminarist), Miska (der Maler), Gisela (gestorben im März 1875) und ein als Kind gestorbener Junge.

Wegen seines ursprünglichen Familiennamens Lieb wurde Munkacsy — allerdings wohl nur von Leuten, die weder ihn selber noch seine Verwandten gesehen hatten — oft für einen Juden gehalten und ausgegeben. Es sei daher gestattet, mit einigen Worten auf die Abstammung seiner Familie einzugehen. Leider sind wahrscheinlich alle Papiere, die uns genaueren Aufschluß darüber geben könnten, während des ungarischen Freiheitskrieges 1848/49 verloren gegangen, so daß wir auf die mündliche Überlieferung sowie auf das Familienwappen angewiesen sind. Nach mündlicher Familientradition soll das Geschlecht aus Tirol nach Ungarn eingewandert sein und ursprünglich Lieb von Lilienfeld geheißen haben. Die Wahrscheinlichkeit einer solchen Einwanderung ist ziemlich groß; (vergl. u. a. Dr. Quitzmann, Reisebriefe, Stuttgart 1850, Seite 51: „Die westlichen Komitate Ungarns haben überhaupt einen mehr deutschen Charakter." „Aufnahme schwäbischer, österreichischer und steirischer Kolonisten ist die Ursache dieser Erscheinung.")

Wenn man nun auch derartigen Familientraditionen betr. Abstammung vom Adel nicht ohne weiteres Glauben schenken darf, da wohl jeder Herr Müller oder Schulze, der sich im glücklichen Besitze eines „Wappens" befindet, seine Ahnen gerne unter die Kreuzfahrer versetzen und uns glauben lassen möchte, nur durch irgend einen verarmten oder gar demokratisch gesinnten Vorfahren sei das Wörtchen „von" weggefallen, so ist die Beantwortung der Frage, ob die Lieb adelig waren, nicht so leicht. Es steht fest, daß der Name Lieb bei mehreren Adelsfamilien vorkommt, so finden wir z. B. in Schlesien eine Familie von Lieb und in Bayern eine Familie Lieb von und zu Liebenheim. Adelige Familien Lilienfeld gibt es in Schlesien und Kurland; eine direkte Ableitung des Geschlechtes Munkacsys von irgend einer Adelsfamilie ließ sich allerdings nicht feststellen; vielleicht, daß die Archive und Kirchenbücher in Ungarn hierzu noch Material enthalten.

Das Wappen der Lieb, ein silbernes Tatzenkreuz, umgeben von vier silbernen Kugeln in schwarzem Felde, auf dem Helme ein geschlossener rechtsgekehrter Flug, läßt allerdings eher einen deutschen bürgerlichen Ursprung vermuten; so finden wir das Tatzenkreuz allein z. B. bei den deutschen Familien: Volz, Friedrich, Baltzer, Kunad, Bodel, Ehrmans, Kerig sowie ein von Sternen umgebenes Tatzenkreuz bei den bürgerlichen Familien Oberhufer und Hermann.

So viel ist auf jeden Fall aber sicher,

Abb. 9. Geburtshaus des Malers in Munkács.
Verkleinerte Wiedergabe einer Zeichnung von Karlovsky Berczi aus dem Besitze von Frau C. von Munkacsy.

daß auch nicht der kleinste Hinweis auf jüdische Abstammung deutet; kaum der Name, denn Lieb kommt in echt deutschen Bürger- und Bauernfamilien schon früh vor; in Heilbronn lebte z. B. zur Zeit des großen Bauernkrieges, also im Anfange des XVI. Jahrhunderts eine Bürgerin Anna Lieb (vergl. Zimmermann, Geschichte des großen Bauernkrieges, Stuttgart 1856, Bd. II, S. 19); das Aussehen Munkacsys wie seiner leiblichen Verwandten zeigt dabei eher slawisch deutschen als ungarischen Typus; nur ein französischer Kritiker mit allerdings etwas kühner Phantasie verstieg sich zu der Behauptung: „seine Stumpfnase in Form eines Topffußes (!) und das platt gedrückte Gesicht (!!) erinnern ganz an die Hunnen, von denen er abstammt. Es heißt, einer seiner Vorfahren habe Attila das Feldzeichen mit den drei Roßschweifen vorangetragen". (!)

Sei dem, wie es wolle, Munkacsy ist selbst, wenn sein Stammbaum ins schöne Land Tirol zurückführen sollte, sowohl in seiner Kunst wie in seinen Anschauungen ein echter Ungar. Seine Eltern hatten sich, wenn sie auch den deutschen Namen noch beibehielten und sich vielleicht vielfach der deutschen Sprache im Verkehr bedienten — wie es der gleich anzuführende Brief von Munkacsys Mutter zeigt — ganz magyarisiert, — gleich den meisten deutschen eingewanderten Familien seit der Mitte des Jahrhunderts (vergl. Dr. E. Schwab: Land und Leute in Ungarn, Leipzig 1865: „Der geistige Zusammenhang [der Deutschen] mit dem Mutterlande war bis auf das Notdürftigste herabgeschmolzen ... die begabteren und strebsameren Naturen wendeten sich immer mehr dem täglich an Boden gewinnenden Magyarentum zu ...")

Abb. 10. Munkacsys Mutter Cäcilia geb. Röck.
Wiedergabe einer Jugendzeichnung, die Munkacsy nach einer Daguerrotypie angefertigt hatte.

Ein deutscher Brief von Munkacsys Mutter aus dieser Zeit — wohl der einzige, der sich überhaupt erhalten hat — zeigt sie uns nicht nur als gute, sondern auch als gebildete Frau. In der Wiedergabe wurde nur die altertümliche Orthographie verbessert.

Der mit dem oben beschriebenen Wappen gesiegelte Umschlag trägt die Aufschrift:

   a/Madame Madame
     Julie de Reök
   née Dame de Jakossy
    per Lapánga. Magy Bóll.

Das Schreiben selbst lautet:

„Munkats[1]) am 6./2. 848.

Liebe teure Julie!

Wie unendlich angenehm mich Dein Schreiben überraschte, kannst Du Dir um

---

[1]) Diese Schreibweise zeigt, daß Frau Lieb deutsch zu sprechen und zu schreiben gewohnt war, da sie Munkács in deutscher Weise schrieb.

so mehr denken, wenn ich Dir sage, daß ich eben auch im Begriff war, an Dich zu schreiben, ein Beweis, daß unter uns eine Sympathie obwaltet. Mit Deinem Schreiben bin ich aber bei weitem nicht zufrieden, liebe Julie! Du bist zu kurz, ich will Dich gewiß mehr zufrieden stellen (?).

Nimm meinen innigen Dank für Deine guten Wünsche, der Allmächtige möge Euch beglücken, so wie ich es von reinem Herzen wünsche. —

Ja, liebe Julie! im zehnten Jahr bin ich so glücklich, Dich meine Schwägerin zu nennen, und das Geschick verbietet es, uns gegenseitig kennen zu lernen, und nur im Geiste darf ich Dich lieben, oft füllen sich meine Augen mit Thränen, wenn ich denke, wie ich es für unmöglich hielt, meine Geschwister wenigstens einmal des Jahres nicht sehen zu können, und doch muß ich nun des Glückes fast gänzlich entsagen. Die Lotti besucht mich zeitweise viel seltener, als sie es thun könnte, denn es geschieht nur in drei, vier Jahren einmal, Pista[1]) war bei mir vor fünf Jahren, Pali[2]) und Anti[3]) noch nie; vor sechs Jahren kam ich aber mit Anti beim Pali zusammen und zwölf oder dreizehn Jahre sind es gar, daß ich Lajos[4]) nicht sah! Er ist mir zwar lebhaft im Gedächtnis, wie er damals ausgesehen, aber wir würden einander schwerlich erkennen, denn ich bin seitdem zu einer halben Matrone und zu einem stattlichen Herrn geworden, nicht wahr, lieber Lajos? Ich habe mit vielem zu kämpfen, liebe Julie, denn meine armen Kinder sind immer kränklich, besonders in den Wintermonaten; schon das vierte Mal kommt ihnen das Fieber im Herbst zurück und dauert über den ganzen Winter; heuer ist zwar der Jüngste, Miska, frei geblieben, die beiden Aelteren aber, Emil und Aurel, leiden fortwährend, was sie im Wachsen zwar nicht, aber im Lernen sehr verhindert. Mein siebenjähriger Emil hat seinen ersten Brief geschrieben, jetzt zum 88. Geburtstag unseres teuren Vaters, meine 15 Monat alte Gisel ist, nachdem sie mich ein ganzes Jahr lang im Zweifel hielt, ob sie lebt oder stirbt, jetzt dick wie eine Plumsen und läuft wie ein Wieserl. An eine Reise in die Ferne darf ich nicht einmal denken, denn das kostet viel Geld, was ich nicht habe, sondern eine andere schwache Hoffnung hat mich genährt, Euch doch vielleicht sehen zu können, mein Misi[5]) ist um die Pester Kontrolleurstelle eingekommen, es ist aber auch das schon vereitelt, so wie uns überhaupt das Glück wenig hold ist.

Wie verlebst Du den Fasching? Tanzest Du noch gerne viel wie früher? Ich war auf einem Ball in (?), bin recht bald schläfrig geworden und nach Haus gekommen. Führe überhaupt ein eingezogenes häusliches Leben, da ich viel zu sehr beschäftigt bin, als daß ich häufige Unterhaltungen mitmachen könnte, auch gebricht es mir oft an guter Laune wegen des kränklichen Zustandes meiner armen Kinder.

Wir alle küssen Euch alle innig, herzlich, und ich bin Deine Dich stets liebende
Schwägerin Cili.

Schreibe mir bald und viel, schreibe mir auch, wie mein teurer Bruder Louis aussieht. Ich habe mich vor einer Zeit für dich daguerrotypieren lassen, es ist aber schlecht ausgefallen, darum habe ich es nicht geschickt."

Dieser Brief, der uns ein reizendes Bild der schlichten, tüchtigen Mutter Munkacsys gibt, ist besonders interessant, da er ausdrücklich den kleinen Miska erwähnt. Wenn die Daguerrotypie, von der Frau Lieb spricht, dieselbe ist, nach der eine noch vorhandene Zeichnung des jungen Munkacsy uns vorliegt (Abb. 10), muß sie doch nicht so ganz schlecht gewesen sein. Auf jeden Fall stimmt das Bild, das sie uns von Frau Lieb gibt, ganz gut zu der Charakteristik, die sie von sich selbst entwirft: eine würdige „halbe Matrone", schön trotz ihres gereiften Alters, ernst, fast hoheitsvoll und doch gutmütig.

Noch im Jahre 1848, kurze Zeit wohl nur nach dem Datum des Briefes muß Munkacsys Vater nach Miskolcz versetzt worden sein, wenigstens befand er sich schon hier, als der Freiheitskampf der Ungarn ausbrach. Hier beginnen die „Erinnerungen" des Malers; er weiß noch, daß Tag und

---

[1]) Der später und oft zu erwähnende „Onkel Röck", Bruder von Frau Lieb.
[2]) Pali (Paul) lebt noch, der älteste Bruder.
[3]) Anti (Anton) lebt noch, ebenfalls ein Bruder.
[4]) Ludwig, Gemahl der Julie Röck, gestorben. Er war Güterverwalter bei einem Fürsten Lippe in Fünfkirchen.

[5]) Ihr Gatte.

Nacht eine Schildwache vor ihrem Hause (Abb. 11) auf und ab ging, da sein Vater eine Regierungskasse zu verwalten hatte. Dann erzählt er, daß der Vater seine Familie beim Gerüchte von einem Anmarsche der Russen auf Miskolcz nach Czerepvar zum Bruder der Mutter (nicht wie in den Erinnerungen steht: Vater) geschickt habe und daß der Wagen, in dem sie die Reise machten, unterwegs von Kosaken angehalten wurde.

In der Neujahrsnacht 1848/49 verließ die ungarische Nationalregierung Pest, da das übrige Ungarn, am 27. Juni rückte der russische General Paskiewicz in Miskolcz ein (siehe Julius Chownitz: Die ungarische Revolution in den Jahren 1848 und 1849. Stuttgart 1859. 2 Bände.)

Munkacsys Vater, der sich offen der Sache des ungarischen Volkes angeschlossen hatte, wurde inzwischen in Miskolcz wegen seiner Teilnahme an der Revolution eingekerkert und zog sich im Gefängnis eine Krankheit zu, die ihn später aufs frühzeitige Todesbett werfen sollte.

Die Sache Ungarns stand schlecht. Bei

Abb. 11. Wohnhaus von Munkacsys Vater in Miskolcz.
Verkleinerte Wiedergabe einer Pastellzeichnung von Telepy aus dem Besitze von Frau C. von Munkacsy.

die Österreicher anrückten, und in panischem Schrecken folgte ein großer Teil der Einwohner; Fürst Windischgrätz zog am 5. Januar mit drei Armeecorps in Ofen-Pest ein, und bald darauf, noch im Januar, bewegte sich eine österreichische Kolonne unter Feldmarschalleutnant Schulzig von Pest auf Miskolcz zu. Die Flucht der Familie Lieb wird also wohl ebenfalls im Januar 1849 erfolgt sein, aber wie wir sehen, nicht vor den Russen, sondern vor den Österreichern und statt der Kosaken des Überfalls haben wir wohl Husaren zu denken; die Russen betraten erst im Februar Siebenbürgen und im Mai

Kapolna wurde das ungarische Heer am 26. und 27. Februar in zweitägiger blutiger Schlacht geschlagen. Das Getöse war in Czerepvar zu hören, und das Dorf selbst ging in Flammen auf. Von da ab werden Munkacsys Erinnerungen deutlicher, „als wären sie durch den schauerlichen Kanonendonner geweckt worden ... wir warteten den Ausgang der Ereignisse ab. Man weiß ja, wie es geendet hat. Als alles wieder ruhig geworden war, kam mein Vater uns holen. Wie wenn es heute wäre, seh' ich ihn vor mir, so stark hat sich die Rückkehr nach Miskolcz meinem Gedächtnisse eingeprägt. Es wird unnötig sein, das Aussehen unseres Hauses zu beschreiben — gerade so wie das der meisten Gebäude in der Umgebung von Paris nach dem Kriege 1870 (— Munkacsy spricht aus Erfahrung; 1871 hatte er sofort nach Niederwerfung der Kommune das verwüstete Paris besucht; es hatte auf ihn einen außerordentlichen Eindruck gemacht, weniger noch auf den Künstler als auf den mitfühlenden Menschen! —). Nach den großen Geschehnissen war alles in die tiefe Ruhe zurückgekehrt, die bedeutenden Katastrophen zu folgen pflegt. Doch ich überlasse die allgemeinen Betrachtungen am besten dem Geschichtschreiber und wende mich wieder zur Aufzählung der kleinen persönlichen Erlebnisse. Welche Freuden! Wieviel Kummer! . . ."

Der erste große Kummer kam schon bald; die Mutter starb, der Gram um das Schicksal ihres Mannes während des Krieges, die Aufregungen der schrecklichen Zeit hatten die tüchtige Frau ins frühe Grab gebracht.

IV.

Das Leben des kleinen Miska geht jetzt seinen ruhigen Weg weiter. Keine großen Begebenheiten werfen mehr ihren Schatten auf diese glücklichsten Jahre seiner Jugend; kleine Ereignisse, die das kindliche Gemüt beschäftigen, bleiben dem Gedächtnisse für immer eingegraben, Erinnerungen, wie sie wohl jeder aus der Kinderzeit sich bis ins späte Alter bewahrt — das ist alles. Er spielt mit seinen Geschwistern, mancher tolle Streich wird ausgeführt, und naturgemäß verdunkelt zuweilen eine Wolke väterlicher Unzufriedenheit auf kurze Augenblicke die Sonne seines Glücks.

Mit sechs Jahren wird Miska in die Schule geschickt; er erinnert sich, um diese Zeit eine große Meerschaumpfeife seines Vaters sich als Eigentum gewünscht zu haben und zwar, sonderbarerweise, nicht um zu rauchen, vielmehr um ihre wunderschöne milchkaffeebraune Farbe und die glatte Oberfläche nach Herzenslust bewundern zu können;

Abb. 12. Judengruppe. (Aus dem Gemälde Christus vor Pilatus.)
(Mit Genehmigung des Verlegers Ch. Sedelmeyer in Paris.)

er war geradezu verliebt in die Farbe! Das ist aber auch alles, was sich damals irgendwie als Zeichen künstlerischer Beanlagung deuten ließe!

„Ich will es offen gestehen," schreibt er in den „Erinnerungen", „ich war keins jener Wunderkinder, die schon mit zehn Jahren Meisterwerke schaffen; wenn ich irgendwo einen Bleistift erwischen konnte, so kritzelte ich, doch erinnere ich mich nicht, meine bebrillten Professoren oder meine Schulkameraden abkonterfeit zu haben. Ich malte Männchen — das war alles: wahrscheinlich zwei lange Stecken als Beine, einen Kreis als Körper, einen kürzeren Stecken als Hals, einen kleineren Kreis als Kopf und abgespreizte Arme, wie ich es in jeder Kinderzeichnung sehe; ich glaube aber kaum, daß Meissonier oder Detaille meine Bilder unterzeichnet hätten — selbst nicht in dem Alter."

Der Vater, der inzwischen noch ein drittes Mal geheiratet hatte, was Munkacsy in den „Erinnerungen" nicht erwähnt, wollte den Kindern eine gute Erziehung angedeihen lassen; die älteren Söhne hatten sie zum Teil schon erhalten, da ereilte ihn der Tod; die Gefängnishaft während der Revolution hatte seine Gesundheit aufgerieben. Eines Tages wird Miska mit seinen Geschwistern an das Bett des Vaters gerufen: „ich werde niemals das Bild vergessen," schreibt er, „er läßt uns niederknieen und segnet uns, einen nach dem anderen. Ich fühle es noch, wie seine Hand sich auf meinen Scheitel legt — noch sehe ich seinen tief in die Kissen eingesunkenen Kopf mit schwarzem Haar umrahmt und hoher, etwas kahler Stirne.

Am folgenden Morgen war er tot..."

Die fünf Geschwister wurden nach der Beerdigung des Vaters in alle vier Himmelsgegenden zerstreut; eine Tante, die Gattin eines Herrn Steiner in Czaba, nahm sich der kleinen Schwester Munkacsys Gisela an, und Miska selber kam zu seinem ebenfalls in Czaba wohnenden Onkel Stephan Röck (Abb. 13).

Abb. 13. „Onkel Röck".
Nach einer späteren Photographie.

An einem trüben Novembertage des Jahres 1851, auf elenden Wegen, die mehr einem Sumpfe als einer Straße glichen, kamen sie in dem schmutzigen Riesendorfe an. Der erste Eindruck, den die „Stadt" mit ihrer langen Straße, den „ganz niedrigen und langen Häusern, deren Strohdächer aus der Erde hervorzuwachsen schienen", und das Wohnhaus des Onkels, „das auch nicht stolzer aussah als alle die anderen", auf den kleinen Miska machten, war eine Enttäuschung; doch da er von nun an den größten Teil des Tages mit seiner Schwester bei der wohlhabenderen Tante Steiner zubringen durfte, schien für ihn ein glückliches Leben zu beginnen. Es sollte nicht lange dauern und die Tage, die er hier wie in einem zweiten Vaterhause verbrachte, sollten die letzte glückliche Zeit der Jugend sein, denn das Elend wartete seiner schon.

Die Zustände im damaligen Ungarn ließen — vor allem kurz nach der Revolution — viel zu wünschen übrig. Eine ungarische Figur, die in jedem dritten Volksliede besungen wird, ist der Pußtaräuber, der Betjar. Bei der Bekanntschaft, die Munkacsy und seine Tante mit diesem damals noch in seiner ganzen „Naturfrische" auftretenden Gesindel machten, war allerdings wenig von der sentimentalen Romantik zu merken; höchstens bezeugt der abendliche Besuch, den ein Dutzend vermummte Kerle eines Tages der Steinerschen Wohnung abstatteten, daß es den Betjaren jener

Zeit nicht an Frechheit gebrach. Obwohl dicht bei dem Hause Jahrmarkt war und getanzt wurde, brachten es die Banditen im Handumdrehen fertig, alle Bewohner des Hauses, die Familienmitglieder wie die Dienerschaft zu fesseln. Frau Steiner wird mit Kolbenschlägen gemartert, bis sie Schmuck, Geld und alle Wertgegenstände herausgibt, die Schubladen werden in aller Gemütsruhe ausgeräumt und der Inhalt fein säuberlich in Bündel zusammengeschnürt. Dann setzen die Kerle sich ganz gemütlich zu Tisch, essen und trinken, als wenn sie zu Hause wären, spannen zum Schluß den Steinerschen Wagen an und fahren mit der aufgeladenen Beute fort! Erst gegen Morgen werden Nachbarn auf die Hilferufe in dem verrammelten Hause aufmerksam, die ganze Stadt gerät in Aufruhr und setzt den Räubern nach, von denen man endlich auch sechs erwischt. Man muß sagen, daß die Vergeltung an ihnen ebenso einfach wie schnell war: sie wurden an die nächsten Bäume aufgeknüpft.

Frau Steiner aber starb vierzehn Tage später an den erhaltenen Verletzungen, ihr Gatte zog von Csaba fort, und der kleine Miska blieb wieder auf die Gesellschaft des Onkels Röck angewiesen. Röck war vor der Revolution ein vielbeschäftigter Rechtsanwalt in Pest gewesen, verlor aber durch den Krieg, an dem er sich auf seiten der Aufständischen beteiligte, seine Stellung und lebte nun sehr zurückgezogen in Csaba, man weiß nicht recht, von was, wenigstens erzählt Munkacsy in den Erinnerungen nur, daß er tagelang Violine spielte und dazu rauchte.

Miska erhielt jetzt vom Onkel eine Art Unterricht, bei dem Kopfnüsse eine so große Rolle gespielt zu haben scheinen, daß der Erfolg nicht bedeutend sein konnte. Bald aber war der kleine Neffe auch hier überflüssig und im Wege: Röck verheiratete sich und zog auf ein kleines, von ihm gepachtetes Landgut vor die Stadt hinaus. Als sich nun gar ein neuer Weltbürger, der erste Sprößling der Ehe einstellte, rief der Onkel eines Tages seinen zehneinhalbjährigen Neffen zu sich und fragte ihn unvermutet: „Willst du Schreiner werden?" Für Miska bestand der Begriff des „Schreinerwerdens" in der angenehmen Aussicht, in Hemdsärmeln herumlaufen, hämmern, sägen und klopfen zu dürfen und keine Kopfnüsse mehr zu bekommen; so sagte er mit tausend Freuden ja; am folgenden Morgen wurde zwischen Röck und einem Csabaer Tischlermeister Langi ein Vertrag abgeschlossen, kraft dessen die Lehrzeit dreieinhalb Jahre dauern sollte, wofür der Onkel jährlich zwölf Gulden und vier Sack Getreide zu erlegen hatte.

Damit hörte die „Erziehung" durch Herrn Röck, die sich auf einige durch „Handgriffe" unterstützte Lese- und Rechenübungen beschränkt hatte, auf. Munkacsy macht in den „Erinnerungen" seinem Onkel keinerlei Vorwurf über die Aufnahme, die er bei ihm gefunden hatte, und sucht in pietätvoller Weise die Sache so darzustellen, als sei er ohne jedes Erbteil einem Onkel zur Last gefallen, der kaum für sich selber genug zu leben hatte. Munkacsy spricht sogar von einem silbernen Besteck als dem einzigen auf ihn entfallenen Teil aus der Erbschaft seines Vaters. Wir verstehen vollkommen die edle Zurückhaltung des Künstlers, und trotzdem schon Claude Bento in ihrem erwähnten Buche „Les Salons de Paris en 1889" erzählte, daß jedes der Kinder ein Vermögen von 5000—6000 Francs geerbt hat, wollen wir uns mit dem Hinweis begnügen, daß auf jeden Fall — der Vorwurf bleibt Onkel Röck nicht erspart — Munkacsy auf eine bessere Ausbildung Anspruch gehabt hätte, als sich für zwölf Gulden und vier Sack Getreide jährlich erreichen ließ.

Und doch hat gerade Munkacsy als armer Tischlergeselle seine künstlerische Laufbahn begonnen! Ob er wohl sein Talent entdeckt hätte, wenn ihm der Weg zu einem höheren Berufe als dem Handwerke offen gestanden wäre? Man kann die Frage nicht ohne weiteres bejahen: ein behagliches Leben, augenblickliche Erfolge auf bequemem Pfade sind gefährlicher für ein Genie als Sorgen und Mühsale; jene schläfern allmählich den regsten Geist ein — diese aber wecken verborgene, wunderbare Kräfte, um Hindernisse zu überwinden, die bei dem gewöhnlichen Menschen für unübersteiglich gelten.

V.

Im Sommer 1854 begann Munkacsys Lehrzeit bei Langi. Es waren traurige Jahre, die nun für das arme Kind anfingen. Und doch weilen die „Erinnerungen" des Künstlers mit einer gewissen Liebe auf den trüben Bildern jener Zeit; er zeichnet uns die Schreinerwerkstatt, die Gesellen, Lehrlinge und den rüden Patron Meister Langi selbst in seiner ganzen Roheit. Kleine Scenen sind es, die aus der Vergangenheit auftauchen, unbedeutende Erlebnisse: wie er Farben reiben, das Haus eines protzigen Juden, die Brücke zu Csaba und die Gräbergitter auf dem Kirchhofe anstreichen mußte, wie er den ersten Tisch machen durfte — Erlebnisse, die nur Reiz in der verklärenden Erinnerung haben.

Die erste Freude an dem neuen Beruf war bald verraucht; in Hemdsärmeln durfte er zwar umherlaufen, aber Kopfnüsse gab es doch — vielleicht mehr noch als früher, und wenn Munkacsy in der letzten Zeit bei Onkel Röck in einfachen, sehr einfachen Verhältnissen gelebt hatte, so bildete doch die jetzige Lage für ihn, der in anderer Umgebung, unter gebildeten Menschen aufgewachsen war, einen zu schneidenden Gegensatz zu den glücklichen Tagen der Kindheit, als daß er sich, wie die übrigen dem Arbeiter= und Bauernstande entsprossenen Lehrlinge in sein Schicksal hätte finden können. So waren die körperlichen Mißhandlungen, denen er gar häufig ausgesetzt war, nicht so niederdrückend für ihn als das quälende Bewußtsein, niemanden auf der Welt zu haben, der ihn wirklich liebte!

Der Onkel blieb den Klagen gegenüber

Abb. 14. Gruppe von Pharisäern. (Aus dem Gemälde Christus vor Pilatus.
(Mit Genehmigung des Verlegers Ch. Sedelmeyer in Paris.)

fühllos und streng, und die freundliche Aufnahme, die Miska jeden Sonntag bei einer Familie Bidowski fand, ließ ihn nur noch schärfer, krasser den Unterschied zwischen seinem jetzigen Los und dem seiner früheren Spielkameraden fühlen. Eines Nachts tritt sein ganzes Elend ihm so kraß vor Augen, daß er in krampfhaftes Weinen ausbricht; vergebens versucht er sein Schluchzen zu unterdrücken, die Schlafgenossen, Gesellen und Lehrlinge werden wach, der Meister Langi wird geholt, doch je mehr man auf ihn einredet, desto heftiger

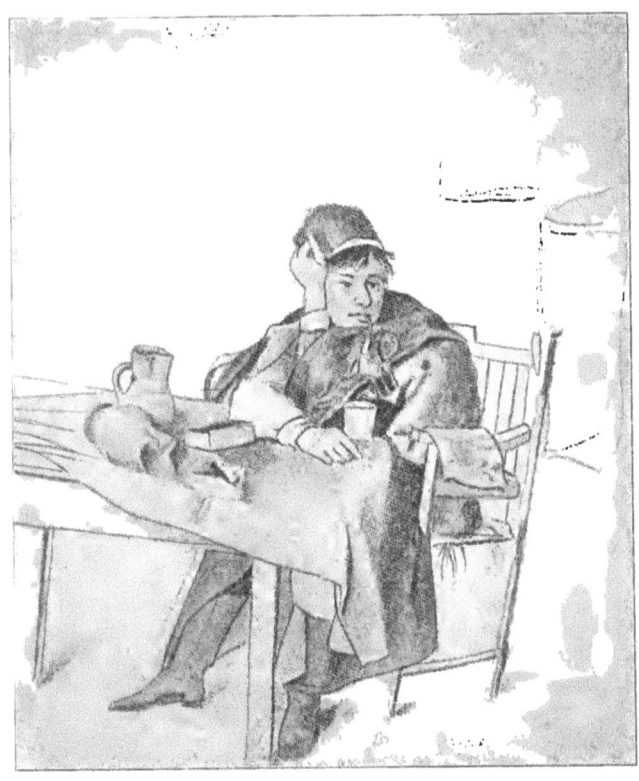

Abb. 15. Araber Gymnasiast. Jugendzeichnung Munkacsys.

schluchzt er, und auf alle Fragen hat er nur eine Antwort: „Ich weine um meine Eltern."

„Es ist wahr," erzählt er in den „Erinnerungen", „ich weinte um meinen Vater und meine Mutter. Ich gestehe, daß ich ihrer bis dahin nur wenig gedacht hatte; in dieser Nacht aber fühlte ich mich so unglücklich, daß meine ganze Vergangenheit vor mir aufstand. Ich sah die Kinder Bidowski, wie sie von ihrer Mutter verwöhnt werden — ich sah mich selbst in dem ganzen Jammer meines gegenwärtigen Elends, und es zermalmte mich wie ein schweres Gewicht; in dieser Nacht alterte ich um zehn Jahre. Ich sah das Los meiner Zukunft vor Augen, das Elend, mit dem ich mein ganzes Leben lang zu kämpfen haben würde — dabei erschien mir aber auch eine andere Aussicht: ich hatte Durst nach einer reineren Luft und wollte diese erstickende Atmosphäre verlassen. Wahrhaftig, in jener Nacht erstarb das Kind in mir und der Mann ward geboren ... ich fühlte, wie eine geheimnisvolle Naturkraft in mir erwachte, mich mit Vorahnungen und Wünschen erfüllte und zu Unbekanntem hinzog. Von dem Augenblick an beschloß ich das entsetzliche Dasein nicht mehr zu ertragen."

So läuft er denn richtig am folgenden Morgen seinem Meister fort; der Onkel, zu dem er sich flüchtet, ist zuerst recht böse, erlaubt ihm aber endlich, fünf Wochen auf dem Landgut zu bleiben. Dann aber muß er wieder in die Werkstatt zurück, und wieder beginnt das einförmige Leben, wieder wird gezimmert, gehobelt und angestrichen, bis endlich die Lehrzeit vorbei ist und der kleine Miska als Geselle sein Brot selber verdienen soll.

Eine gewisse Vorliebe zum Zeichnen ist in dieser Zeit bei Munkacsy zu bemerken; gar oft muß er die Hand des katzenartig heranschleichenden Meisters spüren, wenn er in Gedanken die frisch behobelten Bretter mit dem groben Zimmermannsblei bekritzelte; zuweilen allerdings durfte er auch sein Talent bethätigen und die Hochzeitstruhen der Bauern mit den symbolischen roten und grünen Lilien, die noch jetzt auf dem ungarischen Hausgeräte zu finden sind, bemalen. —

Munkacsy war Geselle geworden, doch seine Lebensweise änderte sich kaum. „Du kannst nur auf dich selbst zählen," hatte ihm sein Onkel beim Abschied gesagt, und mit guten Ratschlägen und einem Kapital von fünf ganzen Gulden fuhr der vierzehnjährige Tischlergeselle nach Arad, um dort Beschäftigung zu suchen.

Zwei Jahre vergingen, lange, kummervolle Jahre; Ekel vor dem erbärmlichen

Leben, das er führen mußte, gesellte sich zu den körperlichen Entbehrungen und machte ihm das Dasein noch qualvoller, als es bis dahin gewesen war.

„Wöchentlich brachte ich es," schreibt er, „auf zwei Gulden, zuweilen auch auf zweieinhalb Gulden Verdienst. An elendes Leben war ich ja aber schon so sehr gewöhnt. Niemals kam mir der Gedanke, ich könnte einmal ein besseres Dasein führen; die härtesten Entbehrungen schienen mir ganz natürlich. Allerdings strebte ich, je älter ich wurde, nach etwas anderem; ich empfand den undeutlichen Wunsch, nicht in diesen Kreisen zu verbleiben. Dann plötzlich empfand ich Abscheu vor meinem Handwerk, und da erst lehrte das Elend mich seine ganze Trübseligkeit kennen. Jeden Morgen um fünf Uhr aufzustehen und mich an die Arbeit zu machen, bei der ich weder Vergnügen noch meinen Unterhalt fand — und das Tag für Tag, ohne Hoffnung, je herauszukommen — das war meine tägliche Marter . . .

Von Tag zu Tag wurde ich unglücklicher; vergeblich beschaute ich meinen Horizont, überall war er mir verschlossen. Ich hatte auch nicht die kleinste Hoffnung, dieser Umgebung, die mir immer unerträglicher wurde, zu entkommen. Den geistigen Leiden gesellten sich nun auch körperliche hinzu; so nahm ich zum Beispiel während sechs Monaten keine warme Nahrung zu mir, ich aß nur Brot und von Zeit zu Zeit Speck oder ein Stückchen Käse und trank dabei wohlverstanden nie einen Schluck Wein.[1]) Diese Lebensweise begann mich zu schwächen. Am Schlusse des zweiten Jahres schien meine Gesundheit stark erschüttert zu sein; ich war äußerst schwach; endlich packte mich ein Fieber, das mich zwang, alle Arbeit zu unterlassen. Was sollte nun aus mir werden? Du kannst nur auf dich selbst zählen, diese Worte meines Onkels summten mir fortwährend in den Ohren —"

Die Krankheit und die äußerste Not zwangen Munkacsy endlich, wieder zum Onkel zurückzukehren, wo er nicht gerade mit offenen Armen empfangen wurde. Ein langwieriges Wechselfieber hatte ihn erfaßt.

Solange Miska in Arad war, hatte seine Leidenschaft für das Zeichnen vollständig geschlummert, dafür hatte er aber — sonderbar genug — gedichtet! Seine alten Kameraden, die beiden Bidowski, die in Arad eine höhere Schule besuchten (Abb. 15 zeigt uns einen dieser Gymnasiasten — augenscheinlich beim Studium), hatten dort seinen einzigen Verkehr gebildet; wahrscheinlich durch sie wurde er mit der Litteratur seines Vaterlandes wie Deutschlands bekannt und versuchte sich nun selber in schriftstellerischen Arbeiten. Neuda erzählt (im Vorwort zu der kleinen Schrift: Urteile der französischen Presse über Munkacsy u. s. w. Paris 1879), Munkacsy sei in Arad vor allem durch die Lektüre Schillers zu eigener dichterischer Thätigkeit angeregt worden; so viel ist auf jeden Fall sicher, daß er zu jener Zeit den Gedanken

Abb. 16. Der Schafstall des Onkels Röck. Jugendzeichnung Munkacsys.

---

[1]) Der doch in Ungarn so billig ist, daß jeder Arbeiter ihn trinken kann. Erst in den siebziger Jahren begann Munkacsy Wein zu trinken, aber auch da sehr mäßig.

hatte, Schriftsteller, und ein anderes Mal Schauspieler zu werden, um so aus den qualvollen Verhältnissen herauszukommen. Zu beidem besaß er übrigens eine mehr als mittelmäßige Beanlagung, wie jeder, der ihn gekannt hat, zugeben muß.

Wir sehen auch bei Munkacsy die Erscheinung sich wiederholen, die wir bei so vielen anderen großen Männern finden: ein bestimmtes und doch so mächtiges Sehnen nach etwas Größerem, Höherem, als den meisten Menschen im Leben zu teil wird, ein unklares und doch sicheres Bewußtsein der höheren Gaben, die ihn auszeichnen, und das Suchen und Versuchen, diese noch unbekannten Geistesgaben zu bethätigen. Man wird an das qualvolle Tasten des unglücklichen Heinrich von Kleist nach dem ihm selbst verhüllten hohen Ziele erinnert, nur ist der Unterschied zwischen dem Charakter der beiden Männer ebenso klar: bei dem deutschen Dichter ein krankhaftes Sich-selbstquälen, eine dauernde Unzufriedenheit und Nervosität — bei Munkacsy trotz seiner stellenweise zu Tage tretenden echt ungarischen Melancholie, die er in seinem Wesen wie in den Werken zeigt, ein ruhiges, kaum unterbrochenes, sicheres Fortschreiten auf dem einmal gefundenen und für richtig gehaltenen Wege.

War es Zufall, daß er den Weg überhaupt fand? Auf jeden Fall ahnte Munkacsy selber nicht, daß er so nahe der Erfüllung seiner geheimen Wünsche war, als er körperlich krank und geistig abgespannt zum Onkel auf dessen Landgut in der Nähe von Gyula kam, wo dieser inzwischen ein bescheidenes Amt angenommen hatte.

Aus Langeweile fing er hier in der fieberlosen Zeit wieder zu zeichnen an und kopierte nacheinander die in den Zimmern hängenden Stiche bedeutender Ungarn.

— Munkacsy erzählte allerdings nach dem ihm zu Ehren in Pest gegebenen Bankett (1882) den Beginn seiner Künstlerlaufbahn etwas anders; ein Zeitungsbericht sagt darüber:

„Während der gemütlichen Plauderei nach dem gestrigen Bankett sagte Munkacsy zu Moriz Jókai: Weißt du, daß dein Schnurrbart mich zuerst veranlaßte, Maler zu werden? Ja, so war es. Als ich in Arad ein armer Tischlergehilfe war, sah ich einst in der Auslage des Bettelheimschen Buchhändlerladens das lebensgroße Porträt eines Patrioten mit mächtigem Schnurrbarte. ‚Welch ein wackerer Schnurrbart‘, sagte ich mir, ‚wenn ich den malen könnte!‘ Und sobald ich Geld hatte, kaufte ich das Bild, und der Schnurrbart wie auch das Porträt gelangen vollkommen. Alle, denen ich es zeigte, erkannten es sofort und sagten, es sei Moriz Jókai, ein Schriftsteller, der allerlei Romane schreibe. Später, als ich wieder etwas Geld erwerben konnte, kaufte ich einige seiner Bücher und begann sie zu lesen. Als ich nach Pest kam, wollte ich dich stets besuchen, allein ich hatte solche Furcht vor dir, vor deinem mächtigen Schnurrbart, daß ich mich nicht zu dir getraute. Laßt uns noch ein wenig wachsen, dachte ich. Ich sah dich nicht früher, als bis du mich in Paris gelegentlich der Ausstellung meines Bildes ‚Milton‘ aufgesucht hast.“ —

Sein Onkel wirft eines Abends einen Blick auf eine eben fertig gewordene, besonders gut geratene

Abb. 17. Älteste Jugendzeichnung Munkacsys.

Kopie und sagt lobend zu ihm: „Du könntest vielleicht Maler werden." Das Wort prägte sich unauslöschlich seinem Gedächtnisse ein: „Hatte ich," schreibt er, „hatte ich überhaupt eine, wenn auch noch so undeutliche Vorstellung von dem, was Malerei ist? Ich suchte nicht einmal nach einer Vorstellung, doch meine Bleistiftskizzen (— wir geben in unseren Abbildungen einige der in dieser Zeit entstandenen Zeichnungen wieder —) hatten seit diesem Tage einen bestimmten Zweck. Ich fühlte, daß ich jetzt etwas Bestimmtes berührte oder daß ich wenigstens auf ein Ziel losging, und was bis dahin nur Unterhaltung gewesen war, wurde Arbeit und ernstes Studium."

Der Onkel verwandte seinen Neffen inzwischen natürlich auch zu anderen Beschäftigungen auf dem Gute. Einmal, so erzählte Munkacsy in Paris gelegentlich der Ausstellung seines „Ecce homo", einmal wurde er von Herrn Röck aufs Land geschickt, um Kukuruz (Mais) zu übergeben. Er aber bekümmerte sich mehr um seine Zeichnungen als um das ihm aufgetragene Geschäft. So kommt er mit einem ganzen Heft voll Skizzen zum Onkel zurück. „Mit dem Kukuruz sah es aber schlecht aus. Als ich nach Hause kam, fragte der Onkel: ‚Was hast du denn gemacht, wenn du dich nicht um den Kukuruz gekümmert hast?' . . . ‚Ich habe gezeichnet.' — Und ich wies dem Onkel die Zeichnungen vor, von denen ihn eine besonders aufregte, ein verfallener Schafstall. ‚Was,' schrie der Onkel, ‚so sieht mein Schafstall noch immer aus, und ich habe doch Ordre gegeben, ihn zu reparieren!' . . ."

Die Zeichnung hat sich erhalten (Abb. 16). Herr Boyer b'Agen veröffentlichte sie unter anderen, die wir gleichfalls wiedergeben, seiner Zeit im l'Oeuvre d'Art vom 20. Januar 1897 mit der Unterschrift „la cabane d'Oncle

Abb. 18. Szamossy.
Nach einem (Selbst?)Porträt aus dem Besitze von Frau C. von Munkacsy.

Röck"! Na, ganz so schlimm sah nun doch das Haus des Onkels nicht aus! —

Onkel Röck hatte keine Ahnung, welche Umwälzung sein mehr im Scherz gemachter Ausruf in dem Geiste des jungen Neffen hervorgerufen hatte. Ja, als er diesen so eifrig in seiner neuen Thätigkeit sah, schickte er ihn selber zu einem deutschen Maler Namens Fischer, einem etwas verkommenen Genie, der neben Porträts und Landschaften auch Schilder zu malen nicht verschmähte. Dort sollte Miska Zeichen- und Malstunden nehmen, denn, so meinte der Onkel „die Malerei kannst du auch als Schreiner gut gebrauchen". Mit diesem Nachsatze war Miska nun freilich in keiner Weise einverstanden, doch sagte er wohlweislich jetzt noch kein Wort von seinen Zukunftsplänen und nahm regelmäßig seine drei wöchentlichen Stunden.

Eines Tages besuchte nun ein ungarischer Maler Szamossy (Abb. 18) seinen

Abb. 19. „Onkel Röck".
Jugendzeichnung Munkacsys nach der Natur.

Kollegen Fischer; er interessierte sich für den kleinen Schüler, dessen Arbeiten er sich zeigen ließ, und erlaubte ihm, so oft zu ihm zu kommen, wie es ihm beliebte. Jetzt begann unter Szamossys Anleitung für Munkacsy eine fieberhafte Thätigkeit, und neben Kopien versuchte er sich an selbsterfundenen Motiven. Aber immer noch drohte das Gespenst der Tischlerwerkstatt im Hintergrunde, doch tröstete ihn Szamossy: „Nein, mit den Fähigkeiten, die ich bei Ihnen zu bemerken glaube, können Sie etwas anderes werden als Schreiner."

Diese Worte entschieden sein Leben.

VI.

Szamossy war kein Künstler ersten oder auch nur zweiten Grades, und doch dürfen wir nicht in das oberflächliche Urteil mancher Kritiker über Munkacsys ersten Lehrer einstimmen. Szamossys Kunst ging wirklich nach Brot; von Ort zu Ort zog er, porträtierte Bauern und Adlige, kopierte und restaurierte Ahnen- und Familienbilder in den großen Herrensitzen, die im Lande zerstreut waren — er wurde später Zeichenlehrer an der Realschule zu Großwardein — aber, was dem Maler vielleicht an Kunst gebrach, ersetzte sich, wenigstens nach Munkacsys Angaben, der ihn „feingebildet" nennt, durch den offenen Blick und die tüchtige, allseitige Bildung, die er besaß. Die Thatsache, daß Männer, die selber nicht viel Bedeutendes geschaffen und auch nicht die Fähigkeit, es zu einiger Vollkommenheit zu bringen, haben, als Lehrer im Gebiete ihrer Berufsthätigkeit zuweilen ganz vorzüglich sind, bestätigt sich auch hier. Szamossy hatte Gefallen an dem thatkräftigen, frischen Jungen gefunden und suchte ihn nicht nur in den Handgriffen seiner Kunst zu unterweisen, sondern auch die höchst mangelhafte Bildung seines Schülers zu vervollkommnen.

Während der Arbeit an der Staffelei erzählte er ihm die wichtigsten Thatsachen der Geschichte und Kunstgeschichte; er führte ihn so allmählich gesprächsweise in eine höhere Welt ein, gab ihm außerdem täglich Aufgaben zum Lernen und verbesserte seine schriftlichen Arbeiten.

So war Munkacsys Zeit während seines Aufenthaltes bei Szamossy zwischen künstlerischen und weltlichen — man kann nicht gut sagen wissenschaftlichen — Beschäftigungen geteilt. „Tag und Nacht," schreibt er in den „Erinnerungen", „war ich an der Arbeit; ich betrieb die verschiedensten Studien, von denen ich einen Nutzen für meinen Beruf erhoffte. Morgens zwischen fünf und acht betrieb ich Geschichte, Grammatik und Mythologie — ein bißchen von jedem. Von acht Uhr bis Mittags zeichnete ich nach der Natur (— eine Aktstudie aus dieser Zeit siehe Abb. 3 —) oder nach dem Gipsabguß. Nachmittags beschäftigte ich mich mit Anatomie, und abends komponierte ich. —"

Munkacsys Kompositionsversuche aus dieser Zeit haben sich in mehreren Exemplaren erhalten, kindlich in der Auffassung, unbeholfen in Anordnung und Perspektive und doch vom ersten — dem Csikos mit Esel (Abb. 17) — bis zu den letzten größeren geschichtlichen Entwürfen aus der ungarischen Vergangenheit (Abb. 6 und 20) zeigen sie ein verblüffendes Beobachtungstalent und eine sichere Hand, die in keinem Striche den Eindruck schülerhafter Zaghaftigkeit hinterläßt.

Der Onkel ahnte noch nichts von dem Streben und den Zukunftsträumen seines Neffen. Eines Tages meinte er sogar, jetzt habe die Faulenzerei lange genug gedauert, und Miska könne wieder zum Hobel greifen. Man kann sich denken, daß er buchstäblich fast auf den Rücken fiel, als der Junge sich energisch weigerte und entrüstet behauptete, jetzt „Maler" zu sein. Vergebens bietet der Onkel alle Überredungskünste auf, schildert ihm die Zukunft in den schwärzesten Farben, zählt her, was er noch alles zu lernen hätte, wie er ohne Mittel sei — Miska läßt sich so leicht nicht unterkriegen: Szamossy hat ihm das alles auch schon gesagt, aber Szamossy hat ihn andererseits in seinem Vorhaben auch ermuntert! Als letzten Trumpf spielt der Neffe eine Probevorstellung seines Talentes aus; er zeigt, was er kann: aus den inzwischen angesammelten Skizzenbüchern und fliegenden Blättern mag der Onkel ersehen, welcher Künstler er ist, Straßenecken und Häuser der Nachbarschaft sind leicht auf den Zeichnungen zu erkennen, sogar Porträts könne er schon machen — freilich vorläufig erst in Bleistift — und richtig, da ist die Magd abkonterfeit und sogar der Schuster, der Nachbar. Dagegen ließ sich doch gewiß nichts sagen! Noch ehe der Onkel in seiner Verblüfftheit daran denken konnte, ein hic Rhodus hic salta auszusprechen, machte der Neffe selber den Vorschlag, auf der Stelle seine Tüchtigkeit zu beweisen — der Onkel sollte ihm zu einem Porträt sitzen.

Das kindliche Werk, das ihm wirklich die Einwilligung des Vormundes zu dem wagehalsigen Schritte in eine dunkle, unbekannte Zukunft eintrug, hat Munkacsy mit Pietät stets unter seinen Papieren verwahrt (Abb. 19). Mit welchen Gefühlen wird der gereifte Künstler bei seiner Betrachtung an

Abb. 20. Jugendzeichnung Munkacsys.

die Vergangenheit zurückgedacht haben! Als er den Zeichenstift führte, um diese Züge auf das Papier zu bringen, wird seine Hand wohl zum erstenmale gezittert haben — man meint die Erregung des kleinen Künstlers, sein Bestreben, noch besser als sonst zu zeichnen, aus den kurzen, ängstlichen, unsicheren Strichen, aus der unnötigen Häufung von Schattierungsversuchen herauslesen zu können, namentlich, wenn man diese Skizze mit den anderen der gleichen Zeit zusammenhält. Trotzdem gelang der Versuch, wenigstens erfüllte er seinen Zweck: „Meine Tante fand zwar allerhand daran auszusetzen, die anderen aber waren von Bewunderung ganz hingerissen; der Schuster sogar gestand, o ja, das sei ganz gewiß Herr Röck, o ja, — wie gespuckt!..." Auch dem Onkel muß sein Selbstbildnis nicht so ganz schlecht gefallen haben — ich lasse es dahingestellt, ob der Neffe nicht zum Zwecke einer captatio benovolentiae den Zügen etwas geschmeichelt hat, wenigstens macht das Gesicht einen ganz gutmütigen Eindruck! — auf jeden Fall sagte der Onkel ein zögerndes: „Nun gut, meinetwegen", womit Munkacsys Zukunft besiegelt war; seine Künstlerlaufbahn begann.

Miska schloß sich zu Anfang des Jahres 1862, also im Alter von nicht ganz achtzehn Jahren, seinem Lehrer auf dessen Wanderungen durch die ungarischen Landstädte und Magnatenschlösser an. Zuerst ging es nach Arad.

Achtzehn Monate lang blieb er bei Szamossy; es ist vielleicht die wichtigste Periode seines Lebens; in der kurzen Zeit bildete sich unglaublich schnell das verborgene Talent Munkacsys aus. Mit schlichten, kindlichen Bleistiftkopien hatte er begonnen — als er Szamossy verließ, fing er kühn sein erstes großes, sogar lebensgroßes Genrebild in Farben an, ein Bild, das ihm auch sofort eine gewisse Anerkennung verschaffen sollte. Sein Leben während dieser ersten und eigentlich einzigen Studienzeit war freilich nichtsdestoweniger entbehrungsreich; Mittel zum Unterhalte besaß er nicht, von seinem Onkel hatte er keinen Pfennig Zuschuß zu erwarten und wäre auch zu stolz gewesen, ihn darum zu bitten.

Als Herr Röck ihn fragte, wovon er denn leben würde, hatte er mit dem ganzen Selbstbewußtsein eines seiner Zukunft sicheren Mannes geantwortet: „Ich weiß es nicht, doch das wird sich schon finden."

Und es fand sich wirklich: schlafen durfte er im Vorzimmer des Ateliers auf einem Strohsack, den er sich abends auf den Fußboden legte; er hatte übrigens dabei die Beruhigung, daß sein Herr und Meister auch nicht besser gebettet war als der Famulus, denn Szamossys Bett wurde aus alten Koffern und Kisten, die tagsüber als Sofa dienen mußten, aufgebaut und mit einer Matte belegt.

Der kleine Schüler mußte nun — was wir allerdings aus den „Erinnerungen" nicht erfahren — aus den lichten Höhen der Kunst zuweilen auch in die Nebel der irdischen Welt hinabsteigen, denn Stiefelputzen, Aufräumen und Zimmerscheuern gehörte so gut zu seiner täglichen Beschäftigung, wie Zeichnen und Malen. Für seinen Unterhalt hatte er selbst zu sorgen; es gelang ihm aber, Bleistiftskizzen für drei, vier und sogar acht Gulden zu verkaufen und mit dem Erlös eine bescheidene Pension zu zahlen oder sich das Essen durch Zeichenstunden, die er gab, zu verdienen. Ein Schneidermäcen fand sich sogar, der gegen die Porträts seiner ganzen Familie bereit war, einen Anzug zu liefern, wogegen es freilich Munkacsy niemals gelang, einen ebenso künstlerisch beanlagten Schuster zu finden.

Wir sehen, wie einfach, wie ärmlich sogar Miskas Leben in dieser Zeit war, und doch, welcher Unterschied gegen früher, wo die Morgensonne ihn nur zu neuem Elend weckte und kein Schimmer einer besseren Zukunft ihm leuchtete! Munkacsy sah jetzt auch seine alten Freunde, die Brüder Bibowski und ihre Schulkameraden, in Arad wieder; mit welch anderen Gefühlen aber konnte er ihnen nun entgegentreten: jetzt durfte er sich ihnen ebenbürtig, gleichgestellt fühlen. Niemand blickte mehr auf den armen Tischlergesellen hinab oder lächelte über die Reimereien des ungebildeten Handwerkers. Er „studierte" ja jetzt gerade so gut wie sie und hatte sogar die Befriedigung, als Künstler anerkannt zu sein, wie seine Skizzenverkäufe sowie die Zeichenlehrerstelle, die ihm Szamossy verschafft hatte, bewiesen! Zwar blieben auch jetzt die Demütigungen nicht ganz aus: auf einem Herrenschloß in Beodra, wohin ihn und den Meister die Wanderungen führten, wurde er an den

Dienertisch verwiesen und erhielt seinen Platz hinter dem letzten Küchenjungen! — —

In seiner Kunst machte Munkacsy während der Zeit große, unglaubliche Fortschritte, und wenn sein eigenes Malerauge ihn auch manchen Weg selbst finden ließ, wäre es doch ungerecht, Szamossy nicht den Hauptanteil an Munkacsys Ausbildung zuzuschreiben. Man muß bedenken, daß Szamossy in den unbeholfenen, kindlichen Kritzeleien des Tischlergesellen, wenn auch nicht den, so doch einen zukünftigen Maler erkannte, während z. B. der berühmte Piloty ihn in München, also zu einer Zeit, als das Urteil über des Malers Begabung nicht mehr so schwer sein konnte, als talentlos entließ! Man muß aber auch bedenken, daß Munkacsy — und darauf wird eigentlich nie genügend hingewiesen — in seinem ganzen Leben nur einen wirklichen Lehrer, Szamossy, gehabt hat und daß niemals, auch bei seinen letzten Bildern nicht, die Szamossysche „Schule", wenn man sie so nennen will, ganz zu verkennen war. Es ist wirklich interessant, zu sehen, wie gerade durch Szamossys Unterricht und seine Methode das Selbstvertrauen des jungen Künstlers gefestigt wurde. Spielend überwand er die schwierigsten Hindernisse, weil sie ihm leicht erschienen.

Verschiedene Stellen der „Erinnerungen" geben uns einen Anhalt, um die Malweise, wie das künstlerische Glaubensbekenntnis Szamossys kennen zu lernen:

„Ich übte mich im Erfinden und zeichnete dabei mit kräftigen, geschickten Strichen. — (Er sagt nicht zu viel. Die vorhandenen Jugendzeichnungen Munkacsys aus jener Zeit zeigen das Fehlen jeder Ängstlichkeit; alles ist sicher, ohne Verbesserung und ohne unnötige Verzierungen

Abb. 21. Jugendzeichnung Munkacsys (vom Jahre 1863 ?).

in einfachen Umrißlinien, wie wir sie bei alten Holzschnitten finden, hingeworfen.) — Damals glaubte ich, und ich bin jetzt noch davon überzeugt, daß man, um wirkliche Gemälde zu schaffen, den Plan im Geiste entwerfen und dann flott ausführen soll, ohne sich um die Bilder anderer Meister zu kümmern, da sonst die eigenen Werke der Gefahr ausgesetzt sind, nur wie sklavische Nachahmungen jener zu erscheinen. — — —

— Morgens ging ich auf den Markt, wo ich kleine Skizzen nach der Natur aufnahm. Wollte ich überhaupt irgend einen Aufschluß, irgend eine Gebärde oder irgend eine Bewegung haben, so lief ich auf die

Straße und suchte sie, doch hätte ich geglaubt, meinem Selbstbewußtsein als Künstler etwas zu vergeben, wenn ich ein Modell vor mich hingestellt und es einfach abgemalt hätte. Ich gestattete mir höchstens, eine Studie besonders anzufertigen und sie hinterher in eine Komposition aufzunehmen."

Also ganz auf eigenen Füßen soll der Maler stehen; unbekümmert um die großen Schöpfungen anderer Meister soll er nur seine eigene Persönlichkeit, sein eigenes Denken und Fühlen in seine Werke legen; auch in der Folgezeit ist Munkacsy diesem Grundsatze treu geblieben; mit fast ängstlicher Scheu vermied er es, Bilder der alten Meister zu oft zu sehen, immer fürchtete er, irgend etwas aus ihnen — wenn auch unbewußt — zu plagiieren.

Die zweite Regel Szamossys, nie nach Modell direkt zu arbeiten, sondern frei zu schaffen, behielt er bis Düsseldorf bei, und erst durch Knaus, der später einen großen Einfluß auf seine Kunstanschauung erhalten sollte, wurde Munkacsy ihr untreu. Wir werden im Zusammenhange noch auf diese Anschauung, die übrigens nicht bei Szamossy allein, sondern bei manchen Künstlern jener Zeit zu finden war, zurückzukommen haben. —

Szamossy hielt seinen Schüler in keiner Weise zu einer „akademischen Methode" an; er ließ das urwüchsige Talent sich frei entwickeln, und Munkacsy übersprang dadurch die ganzen langwierigen, pedantischen und bei einem wirklich hervorragend beanlagten Künstler auch überflüssigen Zwischenstufen der verschiedenen Akademie„klassen". Zugleich mit kleinen Zeichenübungen nach Gips und lebendem Modell entstehen Bleistiftkompositionen, Kopieen Szamossyscher Porträts und — endlich — selbst erfundene Bilder in Farben:

„... Ich begann mit einem außerordentlichen Selbstbewußtsein und Vertrauen; man hätte glauben können, die Pinsel seien meine besten Freunde gewesen. Was mir aber diesen Mut gab, war just die Methode von Szamossy; hatte er nicht immer behauptet, man müsse das Bild in der einfarbigen Untermalung sozusagen vollenden und ihm dann mittels einfacher Lasuren das Kolorit geben? Er behauptete, die alten Meister hätten es so gemacht — und vielleicht hat er bei einigen recht.

Abb. 22. Munkacsys ältestes Bild, wahrscheinlich im Jahre 1863 gemalt.
Verkleinerte Wiedergabe des Originals aus dem Besitze von Frau C. von Munkacsy.

Abb. 23. Ungarische Ostergebräuche.

Nun sagte ich mir also, daß man, um das Bild zu untermalen, genau so vorgehen müsse, wie wenn man mit Bleistift oder Kohle zeichnete. Zunächst darf man sich um die Farben nicht bekümmern. Wie das Kolorit zu geben ist, findet sich dann schon später..." (Diese Stelle lautete — vergl. Cl. Bento a. a. O. — ursprünglich im Manuskripte der „Erinnerungen" etwas anders: „... ich begann mit einer Sorglosigkeit und einem Vertrauen, die ich nie wiedergefunden habe. Was mir aber diesen Mut gab, auf solche Art, ganz auf mich selbst angewiesen, die Malerei zu beginnen, war just die Methode von Szamossy, die darin bestand, das Bild fast ganz in (einfarbiger) Untermalung (grisaille) zu vollenden und ihm dann mittels Lasuren das Kolorit zu geben; so sagte ich mir denn, daß man ein Bild in Untermalung genau so herzustellen habe, wie eine Bleistift- oder Kohlenzeichnung. Da ich mich um die Farbengebung nicht zu kümmern brauchte, stellte ich mir nicht vor, daß die Schwierigkeit größer sei; auf jeden Fall reizte mich der Versuch.")

Munkacsys Fortschritte waren in der kurzen Zeit seines Zusammenlebens mit Szamossy so schnell gewesen, daß Schüler wie Lehrer einsahen, die Stunde der Trennung habe geschlagen. Was Szamossy ihm beibringen konnte, hatte er gethan; jetzt mußte sich der Horizont des jungen Künstlers erweitern.

Er wollte nach Pest gehen, doch reichte sein Geld für die damals noch weite Reise nicht aus. Schnell entschlossen gab sich Munkacsy, der wieder auf einige Wochen zum Onkel zurückgekehrt war, daran, ein großes Bild, ein junges Mädchen in einem Zimmer darstellend, in der oben von ihm gekennzeichneten Weise zu malen. Drei Monate beschäftigte es ihn. Das Glück war ihm hold, es fand sich ein Käufer dafür, und noch im Jahre 1863 konnte er das erste Ziel seiner Wünsche erreichen. — —

Munkacsy sollte den Maler Szamossy erst nach fast zwanzig Jahren persönlich wiedersehen, aber nie, niemals hat er ihn vergessen, und dankbar und gerührt rief der Meister bei dem großen Bankett, das seine Landsleute ihm am 21. Februar 1882 in Pest gaben, seinem anwesenden alten Lehrer zu: „Szamossy, der mein Talent früher erkannte, als ich selbst, ihm verdanke ich, was ich geworden bin!"

VII.

Ein Jugendbekannter des Meisters, der Araber Maler Gyönghi, erzählte über die Namensänderung Munkácsys folgende Geschichte: Als der junge Michael Lieb nach Arad kam, um dort bei einem Tischler Arbeit zu suchen, mußte er, wie es Sitte war, den Gesellen zehn Maß Wein bezahlen, dann erst konnte er in das Zunftbuch eingetragen werden. Bei der Eintragung soll nun in den meisten Fällen ein von der Geburtsstadt des betreffenden abgeleiteter Name benutzt worden sein. So wurde denn auch der junge Lieb gefragt, wo er geboren sei, und auf die Antwort „In Munkács," begrüßte ihn der Altgeselle mit einem „Servus Munkácsy," womit die „Taufe" vollzogen war. —

So schön diese Erzählung an und für sich auch sein mag, so unwahrscheinlich ist sie, und wir müssen leider darauf verzichten, den später so berühmt gewordenen Namen Munkácsy einer Augenblickseingebung eines Arader Altgesellen verdanken zu wollen.

Oktober 1858 kam Miska nach Arad, aber noch im Jahre 1859 nannte er sich Michael Lieb, wie aus der Aufschrift eines damals von ihm selbst geschriebenen ungarischen Notizbuches hervorgeht, das sich jetzt noch unter seinen Papieren befindet. Viel wahrscheinlicher ist es, daß erst der angehende Künstler, dem Zuge der Zeit folgend, beim Betreten von Pest seinen deutschen Namen magyarisierte. (Vergl. E. Schwab: Land und Leute in Ungarn. Leipzig 1865. „... immer häufiger magyarisierten sich die Wohlhabenden und Gebildeten, und in den Jahren 1848/49 und 1860/61 legten so viele Deutsche [nicht etwa Ungarn mit deutschen Namen] eiligst ihre deutschen Namen ab. Die ungarische Statthalterei bekam Gesuche um Namensänderungen herdenweise.") Hatte er doch sogar zuerst die Absicht — wie er selbst erzählte — das Wort Lieb wörtlich ins Ungarische zu übersetzen — die meisten sich magyarisierenden Familien machten und machen es noch heute so, man denke an Liszt (Mehl), Fekete (Schwarz), Farkas (Wolf), Vörös (Rot) ꝛc. — doch Kedves („mein Lieber") gefiel ihm nicht, und so bildete er die Ableitung nach seiner Geburtsstadt.

Es mag erwähnt werden, daß er dabei seinen eigentlichen Vatersnamen nicht ablegte; da er sich die Namensänderung nicht von der Regierung bestätigen ließ, wurde „Munkácsy" vorläufig nur sein Künstlername, sein nom de guerre, während er im bürgerlichen Leben, bis zu seiner Erhebung in den Adelsstand (1878), als Michael Lieb, genannt Munkácsy — wie es z. B. noch in der Urkunde seiner Heirat 1874 hieß — bezeichnet wurde.

Es ließe sich ein interessanter Vergleich zwischen Munkácsy, dem größten ungarischen Maler, und dem ersten großen ungarischen Lyriker Petöfi ziehen. Nicht nur weisen beide in der Kulturgeschichte ihres Landes die Wege der eigentlich erst mit ihnen beginnenden Kunst — auch in ihrem Entwicklungsgange ähneln sie sich: beide sollten Handwerker werden und folgen wider Willen ihrer nächsten Angehörigen der inneren Stimme, die sie zu Höherem beruft; sie fühlen es nicht nur, sie wissen, daß sie zu Besserem geboren sind, und doch irren sie zunächst im einzuschlagenden Wege. Dreiundzwanzig Jahre vor Munkácsys Reise nach Pest, im Jahre 1840, änderte Petrovics, der Sohn eines Fleischhauers, seinen Namen in Petöfi um und lief, statt den Beruf seines Vaters zu ergreifen, von Hause fort, wurde Schauspieler und Soldat und entdeckte erst später sein herrliches Talent. Wir wissen, daß ja auch Munkácsy zuerst sich anderen Gebieten der Kunst zuwandte, er dichtete und hatte auch später noch eine Zeitlang die Absicht — Schauspieler zu werden.

Wie ähnlich ist aber auch die an härtesten Entbehrungen so reiche Jugend der beiden Männer; wenn Petöfi von sich spricht, als dem „verlassenen, kleinen Komödiantenjungen, um den sich weder Gott noch Menschen kümmerten", so denken wir unwillkürlich auch an das Leben des kleinen Tischlergesellen in Arad. — —

Noch lange Jahre sollten vergehen, ehe Munkácsy die verdiente Anerkennung fand und damit der wirklichen Nahrungssorgen enthoben wurde, lange Jahre, während deren er mit eisernem Fleiße seinem Ziele zustrebte. Sein in Gyula gemaltes erstes Bild hatte er — wie es heißt, für sechzehn Gulden — verkauft und war, arm an Beutel, aber reich an Plänen und Schaffenslust, in Pest eingezogen. Ein ungarischer Kavallerieoberst Berres, sowie der deutsche Maler Pettenkofen, deren Bekanntschaft er durch Szamossy gemacht hatte, scheinen ihn, wenigstens mit Ratschlägen und Empfehlungen unterstützt zu haben und der Pester Maler Than, ein Schüler Rahls, sowie der Landschafter Ligeti, nahmen sich — letzterer, in dessen Haus er auch verkehrte, besonders — seiner an.

Munkacsy wurde aber keineswegs ein Schüler der genannten Maler im landläufigen Wortsinne, er blieb selbständig und brauchte, als er 1882 den schon erwähnten tiefgefühlten Dank seinem alten Lehrer Szamossy aussprach, Thans und Ligetis nur eine Landschaft für 130 Gulden bestellte.

Der Herr Graf war — als er den Meister in den achtziger Jahren wiedersah — mit Recht nicht wenig stolz darauf, in ihm ein Talent entdeckt zu haben, als niemand noch an die zukünftige Größe des jungen Malers denken konnte.

Ein kleines Bild Munkacsys, das der Pester Zeit angehört, können wir hier einfügen; wir reproduzieren dieses älteste **bekannte Werk** — und vielleicht eins der **allerersten Bilder des Künstlers überhaupt** — zum erstenmale (Abb. 22) nach

Abb. 24. Bleistiftzeichnung Munkacsys (Wien?).

insofern zu gedenken, als sie „seine ersten Schritte in Pest wesentlich gefördert hätten".

Die Zeit von 1863—1868 ist in Munkacsys Leben ziemlich dunkel; man ist, da er selber wenig aus diesen Jahren zu erzählen pflegte, auf nicht immer ganz zuverlässige Quellen in Zeitungsberichten u. s. w. angewiesen. —

Bald gelang es dem aufstrebenden Künstler, ein Bild — welches unbekannt ist — an den Pester Kunstverein für achtzig Gulden zu verkaufen; ein weiteres unerwartetes Glück traf ihn dadurch, daß ein Graf Andrassy dieses oder ein anderes Gemälde von ihm ausgestellt sah und sofort dem im Besitze von Frau von Munkacsy befindlichen Originale, ebenso wie die augenscheinlich dazu gehörende Federzeichnung (Abb. 21). Kaum sind in dem Gemälde die braun mit weißen Lichtern auf schwarzem Grunde gemalten Gestalten (kämpfende Krieger) erkennbar, einige Figuren sind, wie die beiden Köpfe in der Ecke, nur angedeutet und feine Umrißzeichnungen — die auf der Photographie nicht zum Vorschein kommen — zeigen, daß das Werk unvollendet ist. Auf Grund dieser Arbeit soll der junge Künstler seine erste Unterstützung von der Pester Akademie erhalten haben. Ganz sicher scheint es übrigens nicht zu sein, ob dieses Werk eine eigene Kompo-

Abb. 25. Skizzenblatt Munkacsys (München).

fition Munkacsys oder die Kopie eines anderen, älteren Meisters darstellt.

Das zweite schon bessere, wenn auch noch sehr dunkel ausgeführte Bild, ist geschickt und flott komponiert und stellt ungarische „Ostergebräuche" (Abb. 23) dar; junge Burschen machen sich das zweifelhafte, aber, wie es scheint, beiderseits nicht unangenehme Vergnügen, die Bauerndirnen mit ganzen Eimern Wasser zu begießen oder gar gleich in gefüllte Kufen zu setzen. Munkacsy hat es verstanden, trotz einer nicht zu leugnenden Derbheit der Darstellung die ganze Scene mit packendem Humor zu zeichnen.

Trotz der genannten kleinen pekuniären Erfolge führte Munkacsy kaum ein besseres Leben als früher; er wollte sich mit Gewalt über die seinem Einkommen entsprechende sociale Stellung erheben und setzte einen — gewiß berechtigten — Ehrgeiz darein, „standesgemäß" aufzutreten und einen Verkehr zu suchen, der seinem Bildungsbedürfnis entsprach. So führte er sich bei Verwandten seiner Mutter ein, kam dadurch in die bessere Gesellschaft und verkehrte außerdem noch mit Studenten, die er teilweise noch von Arad her kannte.

Es ist wirklich interessant zu sehen, welche große Selbsterkenntnis Munkacsy stets besessen hat; in seiner Kunst wie im Leben ist er stets im Rahmen seiner Bildung, seines Wissens geblieben, während er diese zugleich immer noch zu vergrößern suchte. Nur das, was er wirklich kannte, malte er, und nur von dem, was er wirklich durch und durch verstand, sprach er. Einer Belehrung war niemand zugänglicher als er. So verließ er z. B. erst das Genregebiet, als er sich zutraute, die Kulturgeschichte älterer Zeiten zu verstehen. — Nichts war ihm verhaßter, als fades Salongespräch oder die üblichen nichtssagenden Komplimente, die er so oft mit Resignation entgegennehmen mußte. Mit niemand aber unterhielt er sich lieber als mit Personen, von denen er etwas lernen konnte.

Daß dieses Auftreten in Pest verhältnismäßig große Anforderungen an sein ohnehin so knappes Einkommen stellte, ist klar, doch ohne Murren legte er sich in seiner Lebensweise die größten Entbehrungen auf, um nur nicht auf die ihm für seine innere Ausbildung so nützlichen Bekanntschaften verzichten zu müssen. Niemals kam ein Tropfen Wein oder Bier über seine Lippen, und das Brot, das wohl den Hauptbestandteil seiner Mahlzeiten ausmachte, kaufte er altbacken, damit es länger vorhielt! Er schämte sich nicht, seinen Verdienst durch wahre Handwerkerarbeiten zu erhöhen; so malte er einem Flickschuster und einem Milchhändler die Firmenschilder! Allerdings müssen dieselben besser ausgeführt worden sein, als es ein Anstreicher zu thun pflegt, da das eine schon in der folgenden Nacht von einem etwas strupellosen Kunstliebhaber — gestohlen wurde! Bei Beschaffung seiner Garderobe suchte Munkacsy das schon früher als probat befundene Mittel des Tausches anzuwenden: Kunstwerk gegen Kunstwerk. Ein jüdischer Schneider lieferte Röcke, Hosen und Westen gegen je ein Bild seiner überaus zahlreichen Nachkommenschaft. Da aber auf die Dauer das Porträtieren der stets eine unheimliche Familienähnlichkeit aufweisenden Kinder langweilig werden mußte, wollte er eines Tages es einmal bei einem anderen Schneidermeister versuchen und ging in eine kleine Schneiderwerkstätte in einem entlegenen Stadtteil. Wer aber beschreibt Munkacsys Entsetzen, als ihm sein wohlbekannter Kleiderlieferant, der sein Geschäft verlegt hatte, mit liebenswürdigem Lächeln entgegenkommt und freudestrahlend die glückliche Ankunft eines neuen, noch ungemalten Weltbürgers meldet! —

So brachte Munkacsy das für einen Künstler doppelt schwierige Kunststück fertig, Einnahmen und Ausgaben stets im Gleichgewicht zu halten, ohne Anleihen bei Freunden und Bekannten aufzunehmen oder, wie es sonst in diesen Kreisen wohl vorkommen soll, Miete und Essen, Kleider und Schuhe auf kürzere oder längere Zeit schuldig zu bleiben. Ein einziges Mal, in München, versuchte Munkacsy einen Bekannten anzupumpen und bat ihn um — einen Thaler; er hatte aber kein Glück, und die schroffe Ablehnung, die seine Bitte ihm eintrug, blieb ihm stets warnend im Gedächtnis.

Noch manche kleine Anekdote aus jener Zeit hat sich erhalten, aber kaum eine vermag ein neues Schlaglicht auf das Charakterbild oder die Entwicklungsgeschichte des jungen Malers zu werfen. Ein dichter Schleier verhüllt uns bis heute den größeren Teil von Munkacsys Leben während dieser Jahre; doch, wenn der Biograph dadurch auch empfindliche Lücken in seiner Darstellung sieht, verliert der Kunsthistoriker, der des Malers künstlerischen Entwicklungsgang betrachtet, wohl nur wenig durch diese Ungenauigkeit der Überlieferung.

Klar beleuchtet ist die Zeit der Entdeckung und der Anfänge Munkacsyscher Kunst, klar beleuchtet ist die Geschichte seines Lebens wie seiner Malerei von Düsseldorf an. Wenn wir somit auch bedauern können, daß über des Künstlers Aufenthalt in Pest, Wien und München so wenige Nachrichten vorliegen, so dürfen wir uns vielleicht mit dem Bewußtsein trösten, daß fast jede Überlieferung schon kritisch ihr Material zu sondern pflegt, und daß die vorhandenen Lücken in der Geschichte von Munkacsys Leben uns vielleicht nur be-

Abb. 26. Skizzenblatt Munkacsys (München).

weisen, wie wenig Wichtiges und allgemein Wissenswertes sich in dieser Zeit mit ihm zugetragen hat.

So viel ist sicher, daß seine Kunst, vom ersten in Pest verkauften Bilde bis zum Beginne der Düsseldorfer Thätigkeit — außer einer kleinen technischen Vervollkommnung und der Ablegung der in den ersten Versuchen noch zu Tage tretenden Unbeholfenheit (namentlich in der Perspektive) kaum wirkliche Fortschritte zeigt.

Munkacsy war in seiner Art fertig und blieb so lange auf der schnell erreichten Höhe stehen, als er seiner alten Regel, nicht nach Modell zu malen, getreu war. Mit den verschiedensten Malern kam er in den nächsten Jahren in mehr oder weniger enge Berührung, wirklichen Einfluß auf ihn gewann aber vor Knaus keiner!

Bis 1865 blieb Munkacsy noch in Pest, dann wurde der Kunsthorizont, in dem er sich bewegte, ihm wieder zu eng, und er begab sich mit einer kleinen Unterstützung von sechzig Gulden nach Wien, mit der Absicht, bei Rahl selber zu studieren.

Ungarische Zeitungen erzählten darüber folgende nette Geschichte:

Ludwig Fodor, Redakteur des „Hódmezővásárhely", war in den sechziger Jahren Schreiber im Sekretariat der Gesellschaft für bildende Künste zu Pest. An einem Winternachmittage trat ein Jüngling mit interessanten Zügen, struppigem Haar, ärmlich gekleidet ein: „Ich suche den Herrn Sekretär." — „Er ist abwesend." — „Thut nichts, ich lasse mein Gesuch hier. Ich bitte die Gesellschaft um eine kleine Unterstützung, damit ich mich in der Malerlaufbahn weiter ausbilden kann. Ich bitte Sie, beim Herrn Sekretär ein gutes Wort für mich einzulegen."

Nach einigen Tagen war eine Sitzung. Nach derselben kehrte der Sekretär mit den Worten in die Kanzlei zurück: „Nun, Herr Fodor, auch von Ihrem Mann war die Rede. Er bekommt sechzig Gulden. Wie drücken Sie sich in den Protokollen aus, um die kleineren Talente zu bezeichnen?" — „Ein beschränktes Talent." — „Nun, so schreiben Sie: ein beschränktes Talent, daher konnte nicht mehr als sechzig Gulden bewilligt werden."

Mit diesem geringen Betrage ging der Jüngling nach Wien, wo bald hernach eines seiner Bilder in einer freiwilligen Auktion um 120 fl. verkauft wurde.

„Herr Fodor," sagte darauf der Sekretär, „Ihr Mann scheint mehr zu sein, als wie die Sitzung ihn taxiert hat!" — —

Munkacsy stellte sich in Wien Rahl vor, aber dieser, der bald darauf aufs Krankenbett geworfen wurde, um nicht mehr aufzustehen, war, wie es heißt, ziemlich diktatorisch und verlangte strikte Unterwerfung unter seine künstlerische Autorität. Ein Zusammenstoß mit dem gleichfalls selbstbewußten Munkacsy blieb denn auch nicht aus, wobei diesem bedeutet wurde, wenn er nicht folgen wolle, möge er sich zum * * * scheren.

(Nach einer anderen Erzählung, deren Richtigkeit sich bisher nicht nachweisen ließ, soll Munkacsy eine Zeitlang die Wiener Akademie besucht, dann aber diesen Besuch aufgegeben haben, da er das Schulgeld nicht habe bezahlen können.)

Munkacsy scheint übrigens in Wien dank kleiner Einnahmen, die er durch Verkauf einiger seiner Bilder erzielte, schon etwas besser als in Pest gelebt zu haben. Später erzählte er wohl öfters, wie er zu Beginn seines Wiener Aufenthaltes ziemlich viel im Hause einer reichen Tante eingeladen war; bald aber schon unterließ er diese Besuche, da er bei den Gesellschaften, die sie gab und wo nur Österreicher verkehrten, oft genug Äußerungen über sein Vaterland anzuhören gezwungen war, die sein stark entwickeltes patriotisches Gefühl verletzen mußten.

In Wien scheint es Munkacsy wohl überhaupt nicht besonders gefallen zu haben, wozu hauptsächlich die Ungarn nicht gerade freundliche Stimmung in Österreich beitragen mochte, so daß er schon 1866 Wien wieder verließ, um nach Pest zurückzukehren.

Eine Zeichnung, die vielleicht auf die Zeit von Munkacsys Wiener Aufenthalt zurückzuführen ist, geben wir in Abb. 24 wieder. —

Ein schweres Augenleiden befiel ihn in Pest, und der Maler, der später zu den ersten Künstlern seines Jahrhunderts zählen sollte, war in größter Gefahr, im Pester Spittel sein Augenlicht gänzlich zu verlieren. Sechs Monate lang sollte die tückische Krankheit ihn ans Bett fesseln, doch seine starke Natur trug den Sieg davon.

Munkacsy zögerte nach der Genesung

keinen Augenblick, den für richtig erkannten Weg weiter zu verfolgen. Körperlich geschwächt, mit zwanzig Gulden in der Tasche, fuhr er der lang ersehnten Kunststadt, München, zu.

Immer noch hatte er den Gedanken, seine Ausbildung auf einer Akademie oder in der Schule eines tüchtigen Meisters zu vollenden, wie Szamossy es ihm beim Abschiede geraten hatte; doch er hatte mit den Schulen — oder die Schulen mit ihm — entschieden Pech. Piloty war damals Selbstherrscher in München, und es ist, wenn nicht verzeihlich, so doch erklärlich, daß der alte zu einer etwas theatralischen Auffassungs- und Darstellungsweise neigende Meister für das urwüchsige Naturkind mit seinen naiven Kunstanschauungen kein Verständnis und noch weniger Entgegenkommen hatte. So erklärt Piloty dem sich bei ihm meldenden Munkacsy, in seiner Malklasse sei kein Platz, doch mit wahrhaft genialem Selbstbewußtsein erscheint am folgenden Morgen der junge Ungar mit Staffelei und Farbenkasten in Pilotys Atelier, mustert die Raumverhältnisse und erklärt kategorisch: „Is Platz", indem er sich zwischen zwei Schüler installiert und, ohne den verdutzten Professor und die nicht minder starren Kollegen zu beachten, zu arbeiten beginnt.

Das Vergnügen über die kühne Eroberung sollte jedoch nur ganz kurze Zeit dauern; freilich ließ sich Munkacsy durch kleinliche Schikanen seiner Mitschüler wenig beirren, und wenn er auch jeden Morgen seine Staffelei aus irgend einer Ecke — in die sie ebenso regelmäßig jeden Abend durch die geärgerten Kollegen geworfen wurde — hervorsuchen mußte, so zeigte er bei diesem Geschäft stets die gleiche stoische Ruhe, und nur die ausdrückliche Erklärung Pilotys, er könne ihn wegen absoluter Talentlosigkeit nicht gebrauchen, veranlaßte ihn, der Akademie den Rücken zu kehren.

— Zeichnungen und Studien aus Munkacsys Aufenthalt in München geben wir in Abb. 25, 26, 28, 31 und 32. —

— In späteren Jahren erzählte Munkacsy einmal, in den Fliegenden Blättern stände auch ein Witz von ihm: Ein Maler steht vor seinem Bilde, das einen mit Stroh beladenen Bauernwagen darstellt, und ruft verzweifelt aus: „Das Stroh bring' ich halt nit hin, wie ich's im Kopf hab'."

Nach dieser Erzählung lag die Möglichkeit nahe, daß Munkacsy für die Fliegenden

„Das Stroh bring' ich halt nit hin, wie ich's im Kopf hab'!"

Abb. 27. Zeichnung von Prof. Barth aus den „Fliegenden Blättern", wahrscheinlich Karikatur Munkacsys. (Mit Genehmigung der Verleger Braun & Schneider in München.)

Blätter zur Zeit seines Münchener Aufenthaltes gearbeitet hat — nun ergab aber die Untersuchung, daß der fragliche Witz allerdings vorhanden ist (Fliegende Blätter, Bd. 48, Nr. 1176, Seite 29, also vom Jahre 1867), doch mußte festgestellt werden, daß er von dem verstorbenen Professor Friedrich Barth illustriert worden war (Abb. 27). Auf eine Anfrage erwiderte die Redaktion in liebenswürdiger Weise, man glaube sich zu erinnern, „daß der Scherz in der Pilotyschule entstanden sei und von dem Künstler, der ihn illustrierte, auch eingeschickt wäre"; Munkacsy aber habe, das könne man nach sorgfältigst angestellten Recherchen bestimmt behaupten, niemals für die „Fliegenden Blätter" gearbeitet.

Der Zusammenhang wird nun wohl folgender sein: Munkacsy hat bei seiner unbeholfenen, ungarischen Aussprache und ziemlich mangelhaften Kenntnis des Deutschen den Witz wider Willen gemacht (— er arbeitete auf jeden Fall in München an einem Bilde, das einen Heuwagen darstellt, wie aus mehreren Zeichnungen jener Zeit hervorgeht, von denen wir eine in Abb. 28 reproduzieren —), und die Zeichnung Barths dürfte wahrscheinlich sogar als Karikatur Munkacsys anzusehen sein — freilich dann als eine nicht ganz ähnliche Karikatur, die nur den Eingeweihten als Karikatur erkennbar war. Wir sehen auf ihr zwar einen mächtigen, wirren Haarwuchs, kleine, tiefliegende Augen und eine stumpfe Nase, doch fehlt das ungarische Kostüm mit den hohen Schaftstiefeln (vielleicht um den Künstler nicht zu kenntlich zu machen?) und der Schnurrbart wird durch ein paar, wirklich höchstens fünf Haare markiert, so daß es für uns immerhin schwer fällt, in dem jungen Mann, der Stroh im Kopf haben soll und nach seinem Gesichtsausdruck auch wirklich haben muß, ein Bild unseres damals zweiundzwanzig Jahre alten Künstlers zu erkennen.

Herr Professor J. von Brandt, der in jenen Jahren mit Munkacsy in München viel verkehrte und eine Zeitlang sogar neben ihm sein Atelier hatte, erinnerte sich nicht an die Episode mit Piloty, die übrigens richtig sein muß, da Munkacsy sie selber öfters erzählt hat. Nach Darstellung des Herrn von Brandt war der junge ungarische Künstler um 1866 nach München gekommen, um dort zunächst bei Alexander Wagner zu studieren; bald jedoch wurde er Schüler bei Franz Adam, wo er eben von Brandt kennen lernte. Munkacsy sei mit wahrem Eigensinn in seine alte Methode, nie direkt nach der Natur zu arbeiten, verbissen gewesen. Er stellte sich wohl das Modell in seinem Atelier auf, malte aber dann im — Nebenzimmer und lief nur von Zeit zu Zeit herüber, um sich „inspirieren" zu lassen. Von Brandt erinnerte sich genau, daß in der Münchener Zeit „Die Brautwerbung", das „Puszta bild" und ein größeres, anscheinend verloren gegangenes Werk „Das Märchen", das er zuerst in einer großen Zeichnung ausführte und dann grau in grau malte, entstanden waren. Anfangs habe der Künstler ein recht ärmliches Leben geführt, sei zwar „ungarisch", aber mehr als einfach gekleidet gewesen, bis er denn eines Tages ein Bild verhältnismäßig günstig verkauft habe und zur Verblüffung seiner Freunde in wahrem Prunkkostüm „echt un-

Abb. 28. Bleistiftzeichnung Munkacsys aus München.

Abb. 29. Pußtabild.

garisch", mit Lackstiefeln und verschnürter Sammetpekesche im Atelier erschienen sei. Von da an habe er sich stets äußerst elegant gekleidet. Munkacsy war überall der stets gerngesehene Gast und Freund, er verkehrte mit allen damals bekannten Künstlern, die sich abends in einem Kaffeehause zu lustiger Gesellschaft mit den jüngeren Kollegen zusammenfanden. Sein herzliches munteres Wesen und seine nie versagende Liebenswürdigkeit und Kameradschaft erwarben ihm die Zuneigung aller Bekannten.

Dennoch wird man Munkacsy wohl, wenn es auch Herr von Brandt nicht ausgesprochen hat, damals ebensowenig wie in der darauf folgenden ersten Düsseldorfer Zeit für ein ganz besonders großes Talent gehalten haben. Was er malte, interessierte die Bekannten weniger als seine eigene Persönlichkeit, und was allen seinen Freunden aus jener Epoche fest in der Erinnerung geblieben ist, sind die lustigen Episoden, zu denen seine Originalität oder seine Zerstreutheit Anlaß gaben: so die hübsche Scene, wo er sich zu einem Balle anzog und sein langes krauses Haar statt mit Pomade aus Versehen mit — Sikkativ behandelte, so daß er einer Personifikation des Entsetzens nicht unähnlich sah und, um nicht mit den „groben Unfug"-Paragraphen der damaligen Zeit in Konflikt zu kommen, sich den Kopf kahl scheren lassen mußte. —

Das Pußtabild (Abb. 29) hat sich in einer Reproduktion in den Mappen Munkacsys erhalten, nach der auch unsere Wiedergabe erfolgt. Frau von Munkacsy glaubte freilich nach Äußerungen ihres Gatten zu wissen, daß dieses Gemälde schon früher in Gerendas auf dem Landgute des Onkels Röck entstanden sei; es ist somit wahrscheinlich, daß der Maler dort auch wirklich die Anregung zu dem Bilde erhielt und es vielleicht auch schon begann — auf jeden Fall aber wurde es, wie Herr von Brandt sich deutlich erinnerte, erst in München vollendet.

Wie Munkacsy in München arbeitete, zeigen uns die schon erwähnten Bleistiftskizzen.

Wenn diese Werke sich nun auch nicht in auffälliger Weise von den „Ostergebräuchen" unterscheiden, so muß Munkacsy doch immerhin inzwischen eine größere technische Gewandtheit erlangt haben, da mehrere — wie es heißt drei — seiner in München fertig gestellten Werke in Pest mit

Abb. 30. Scene aus dem ungarischen Befreiungskriege. (?)

Preisen ausgezeichnet wurden. Ein weiteres bestimmt auf die Münchener Zeit zurückzuführendes Gemälde (Abb. 30) können wir nach einer Photographie aus dem Besitze von Frau von Munkacsy wiedergeben.

Munkacsy konnte jetzt, dank dieser vergrößerten Einnahmen, in München ein ganz einfaches, aber gesundes Leben führen; er beteiligte sich an einem gemeinsamen Mittagstische mehrerer seiner Kunstgenossen und war — wahrscheinlich Ende 1867 oder Anfangs 1868 — imstande, nach Düsseldorf, wohin Knaus' Name und Kunst ihn zog, überzusiedeln, ohne befürchten zu müssen, nach Bestreitung der in damaliger Zeit immerhin beträchtlichen Reisekosten, wieder wie sonst dem Nichts gegenüber zu stehen. —

Munkacsy hatte seine Malweise kaum, seine künstlerische Auffassung gar nicht während der Ausbildungszeit in Pest, Wien und München geändert; war darum diese fünfjährige „Gesellenzeit" — wenn man sie so nennen darf — für seine Entwicklung bedeutungslos? Wir glauben, daß man ihren Wert trotzdem nicht unterschätzen darf; der Künstler machte eine innere Wandlung durch, er eignete sich allgemeine Bildung an. Es ist freilich schwer, diese innerliche Entwicklung richtig zu würdigen, da uns fast jeder Maßstab fehlt, um das Wachsen des Bildungsschatzes, den Munkacsy in dieser Zeit mit eisernem Fleiße gesammelt hatte, messen zu können; wir können nur vergleichen, wie uns Munkacsy beim Abschied von Szamossy und wie er uns zu Beginn seiner Düsseldorfer Laufbahn entgegentritt. Einen Handwerker haben wir verlassen, einen fertigen Künstler sehen wir wieder. Immer thätig, immer eifrig hat er inzwischen in einer oder anderen Art an seiner Selbsterziehung gearbeitet und sich, ohne ein Spielverderber zu sein, von dem wüsten Treiben so mancher seiner Kollegen ferngehalten.

Ist es uns überhaupt möglich, uns völlig in den Geist eines Ungebildeten hineinzudenken, eines Ungebildeten, wie es Munkacsy zu Beginn seiner Künstlerlaufbahn war, eines Ungebildeten, dessen ganzes Wissen aus dem bißchen Lesen, Rechnen und ungrammatikalischen, unorthographischen Schreiben besteht, das der Onkel in ein paar unpädagogisch abgehaltenen Unterrichtsstunden ihm beigebracht hatte? Da gab es keine Lücken — das ganze Gebäude mußte aufgeführt werden. Die Fundamente hatte Szamossy gelegt, der Rest aber war Munkacsys eigenste Arbeit, und nichts ist mehr anzuerkennen, als die Thatsache, daß es dem Künstler fast ohne Anleitung und ohne Methode gelang, sich einen Kenntnisschatz zu erwerben, der zwar nicht über das Durchschnittsmaß der Bildung hinausgeht, aber auch nicht unter ihm zurückbleibt.

Für eins scheint Munkacsy allerdings jede Beanlagung gefehlt zu haben: für Orthographie und Grammatik fremder Sprachen. Dem Ungarn fällt es überhaupt schwer, eine andere Sprache richtig zu lernen und zu sprechen; namentlich mit den Artikeln stehen sie eigentlich stets auf gespanntem Fuße. So hat denn auch Munkacsy trotz langjährigen Aufenthaltes in Deutschland und Frankreich es nie, weder zum fehlerlosen Sprechen noch zum grammatikalisch und orthographisch richtigen Schreiben des Deutschen und Französischen gebracht, dabei aber, was ausdrücklich betont werden mag, viel Sinn für den eigentlichen Geist der Sprachen gezeigt: sieht man von den erwähnten Fehlern ab, so ist sein Stil nicht nur schön, sondern auch geistreich und eigenartig zu nennen; er hat Sinn für die feinsten Wortunterschiede und großes Verständnis für die Poesie der Sprache. Man braucht nur an die „Erinnerungen" zu denken oder die von uns in deutscher Übersetzung angeführten Briefstellen und Reden im Originale zu betrachten, um die Richtigkeit des oben Gesagten einzusehen.

In Paris nahm Munkacsy später regelrechten französischen Unterricht, doch mußte er ihn bald aufgeben, da es ihm unmöglich war, Nutzen aus der trockenen Darlegung des Sprachsystems zu ziehen oder auch nur den Auseinandersetzungen des Lehrers mit Aufmerksamkeit zu folgen. Während dieser sich alle Mühe gab, seinem berühmten Schüler das Geheimnis der unregelmäßigen Verba zu entschleiern, studierte der Maler das Muskelspiel im Gesichte des eifrigen Dozenten oder zeichnete auf den Rand des Übungsheftes.

Das Eigentümlichste ist aber die Thatsache, daß Munkacsy erst später, in der Zeit seines Pariser Aufenthaltes ein gutes — Ungarisch sprach, dann allerdings auch ein so gutes mit so reiner und eleganter Aussprache, daß er von Ungarn oft genug deswegen aufrichtige Komplimente entgegennehmen konnte.

Erklärlich ist auch dies: als Kind wird er wohl im elterlichen Hause ebensoviel

Abb. 31. Bleistiftstudie Munkacsys (München).

Deutsch wie Ungarisch gehört haben — (in den Erinnerungen schreibt er zwar bei Gelegenheit des Besuches Szamossys bei Fischer: „sie unterhielten sich auf deutsch, so daß ich nicht verstand, was sie sprachen") — in Csaba während der Lehrzeit bei Meister Langi war Czechisch oder wenigstens ein stark mit czechischen Brocken durchsetztes Ungarisch die Umgangssprache, und während der Kreuz- und Querzüge muß er auch nicht gar zu häufig in die Lage gekommen sein, seiner Muttersprache sich zu bedienen, denn als deutsche Kollegen von ihm in Düsseldorf 1869 oder 1870 seinem Freunde, dem ungarischen Maler Grafen Almassy Tassilo ihr Erstaunen über Munkacsys gebrochenes Deutsch ausdrückten und ihn fragten, wie er das Ungarische spräche, antwortete der Graf aufrichtig: „Er spricht am besten — deutsch." Einige Jahre später wurde dieselbe Bemerkung von einem Ungarn in Breslau gemacht.

Ungarn hat — wie Rußland — erst in diesem Jahrhundert den Schritt gethan, den wir Deutschen, nachdem uns in der Epoche politischen und wirtschaftlichen Nieberganges der Sinn für die Schönheit unserer Sprache verloren gegangen war, ungefähr zur Zeit des siebenjährigen Krieges gemacht haben: die Volkssprache zur Sprache der besseren Gesellschaft zu erheben. Wie bei uns und in Rußland das Französische, so war in Ungarn das Latein die „feine" Sprache, und bis vor nicht gar zu langer Zeit gab es noch Ungarn, die kaum die Anfangsgründe ihrer Muttersprache kannten. Liszt verstand z. B. kein Wort ungarisch, er bediente sich fast ausschließlich des Französischen, seltener des Deutschen, so daß bei dem großen Pester Bankett, das zu Ehren Munkacsys stattfand, dem anwesenden großen Musiker die Reden verdolmetscht werden mußten.

VIII.

Mit Düsseldorf beginnt für den nun dreiundzwanzig Jahre alten Künstler ein neuer Abschnitt in seinem Leben sowohl wie auch in seiner Kunst. Ein ungarisches Stipendium (von 1000 Gulden?) enthob ihn der Nahrungssorgen und die Preise, die er für seine Bilder erzielte — (Claude Bento in ihrem mehrfach schon erwähnten Buche behauptet, er habe sie jetzt zu 100 bis 125 Francs verkaufen können, was uns doch etwas zu niedrig gegriffen scheint) — ermöglichten es ihm, vielleicht noch im Jahre 1867 eine kleine Reise nach Paris zu unternehmen. Hierbei — und nicht bei der viel späteren Übersiedelung in die französische Hauptstadt — ereignete sich die von Boyer d'Agen (im Vorwort zu Munkacsys Erinnerungen) noch etwas romantischer erzählte Begebenheit: Der Künstler kommt, ohne ein Wort französisch zu kennen, in Paris an; die Wahl des Hotels überläßt er dem Droschkenkutscher, der ihn denn in einen kleinen Gasthof der Rue du 29 Juillet fährt. Am anderen Morgen hört er durch die dünne Zimmerwand hindurch nebenan ungarisch fluchen; durch diesen Zufall findet er in seinem Nachbar einen Jugendbekannten Telepy wieder, der sich seiner annimmt und

Abb. 32. Zeichnung Munkacsys (München).

während seines Aufenthaltes in Paris den Dolmetscher spielt.

Munkacsy kann nur kurze Zeit in Paris gewesen sein, denn bald schon finden wir ihn in Düsseldorf in voller Arbeit wieder. Die Akademie besuchte er nicht; er war mit Empfehlungen von Ligeti an Knaus nach Düsseldorf gekommen und konnte zufrieden sein, daß Knaus, der sonst nicht gerade sehr zugänglich gewesen sein soll, ihn freundlich aufnahm und mit seinen wertvollen Ratschlägen unterstützte. Munkacsy hatte eingesehen, daß sein Weg nicht durch den Antikensaal ging; als Künstler hielt er sich für fertig, und wenn er auch Knaus' Superiorität und Autorität anerkannte und sich bemühte, seinen Rat sich zu nutze zu machen, so fühlte er sich doch, wie wir bald sehen werden, zu selbständig, um ohne weiteres jeden Ratschlag des älteren Meisters zu befolgen. Jetzt wollte er zeigen, was er konnte, und der Erfolg ließ denn auch nicht lange auf sich warten.

Zunächst diente ihm noch ein kleines bescheidenes Zimmerchen als Atelier, doch nicht für lange; er fand bald einen großen Bekanntenkreis, in dem der lang aufgeschossene, etwas magere Ungar wegen seiner nie versagenden Lustigkeit bald recht beliebt war. Munkacsy verkehrte in Düsseldorf außer mit deutschen und ungarischen Kunstkollegen, in der Familie eines in Düsseldorf ansässigen ungarischen Pelzhändlers G...., mit dem er öfters Sonntags Ausflüge machte, sowie des Notars M....., dessen Tochter wir auf dem Bilde „Die Charpiezupferinnen" vorfinden.

So war Munkacsy in der Düsseldorfer Künstlerwelt bald eine gern gesehene Persönlichkeit: er hatte sich weniger durch seine Kunst, als durch das — unbewußt — originelle Wesen bekannt gemacht. Wer den Künstler nur in den späteren Lebensjahren gesehen und gekannt hat, macht sich keinen Begriff von dem Witze und der übermütigen Lustigkeit, über die er zu jener Zeit gebot. Die härtesten Entbehrungen schienen ohne Eindruck auf ihn geblieben zu sein, seitdem er fühlte, daß er sich im richtigen Fahrwasser befand.

Schon sein Äußeres (Abb. 33) war originell: ein glatt rasiertes Gesicht mit dunklem Schnurrbart, dem sich bald auch

Abb. 33. Michael Munkacsy 1869.
Nach einer Photographie aus dem Besitze von Frau C. von Munkacsy.

ein Vollbart zugesellte, wirres, krauses Haar, dazu ungarische Kleidung — ein verschnürter Sammetrock, eng anliegende Beinkleider und hohe Stiefel — so sah man ihn zum erstenmal im „Malkasten" erscheinen, wo er dem Kellner auf die Frage, was er zu trinken wünsche, die lakonische Antwort in wahrem Mikoschdeutsch gab: „Ain Glos Wosser."

Eine Gesellschaft weiß niemand besser zu unterhalten als er, Taschenspielerkunststücke, Karikaturzeichnen (— wir geben in Abb. 1 eine Selbstkarikatur Munkacsys aus dieser Zeit —), Singen ungarischer Lieder und Pfeifen, wozu er eine geradezu wunderbare Begabung besaß, wechseln ab; dabei ist er stets mäßig, zu Thee ladet er seine Bekannten in sein Atelier ein und bald schon werden diese Abende — bei denen er später allerdings seinen Freunden auch geistige Getränke vorsetzte, ohne indessen selber davon zu genießen — in den Künstlerkreisen Düsseldorfs bekannt und berühmt. Dabei ist Munkacsy dennoch, wie in seiner

Kunst, so auch im Leben ein echter Ungar; melancholische Stimmungen bleiben nicht aus, namentlich beim Anhören guter Musik, für die er eine wahre Liebe zeigt. Jeden Samstag Abend sieht man ihn in den Konzerten der Tonhalle, die lustige Stimmung scheint ihn dann ganz verlassen zu haben, ernst und träumerisch lauscht er den Klängen des Orchesters und muß manchen Witz seiner Kollegen, die ihm „Pose" vorwerfen, über sich ergehen lassen. —

Munkacsys bisherige Bilder fanden allerdings zunächst bei seinen Düsseldorfer Kollegen nur geteilte Anerkennung; sein erstes Werk dieser Zeit, das er in Düsseldorf gemalt hat, ist das ungarische Genrebild: „Die Braut" (Abb. 34). Es gefiel nicht besonders, man nannte es gelb und „saucig" und ließ höchstens der Komposition Gerechtigkeit widerfahren. Das war braun in braun gemalt; Luft und Licht gab es kaum, und aus den dunklen Asphalttönen mußte man die einzelnen Gestalten heraussuchen.

Doch Munkacsy gehörte nicht zu den eingebildeten Künstlern, die mit ihrem ersten Werke schon den Gipfel der Vollkommenheit erreicht zu haben glauben. Das Urteil der Freunde und Kunstkenner, die in sein Atelier kamen, das gute Beispiel anderer Meister und vor allem die Ratschläge von Knaus belehrten ihn bald über die Richtung des einzuschlagenden Weges. Knaus eröffnete

Abb. 34. Die Braut.

ihm einen ganz neuen Horizont: wie wir gesehen haben, komponierte und malte Munkacsy immer noch nach Szamossys Methode, in der er durch seine Studien in Pest, Wien und München eher bestärkt als abwendig gemacht wurde. „Man suchte," erzählte er mir eines Abends in Paris, „den Begriff Künstler einheitlich aufzufassen, gleichgültig, ob es sich um einen Maler oder einen Dichter handelte. Die Kunst sollte als ideal in einen gewollten Gegensatz zu dem realen Leben treten, niemals durfte sie zur Wiedergabe der Natur sich erniedrigen. So sollten auch wir Maler sie auffassen: alles sehen, alles beobachten, aber in freier, poetischer Weise wiedergeben, was wir gesehen hatten. Wir sollten Dichter sein; im ‚stillen Kämmerlein‘ mußte aus der verklärten Erinnerung das Werk geschaffen werden. Ein Arbeiten nach Modell wäre uns wie eine Sünde an der Kunst erschienen.*) Knaus verdanke ich die gründliche Wandlung, die ich durchmachte; er wies mich auf die Natur hin und wiederholte immer und immer wieder: ‚Keinen einzigen Strich ohne Modell.‘"

Herr Professor L. Knaus, dem ich diese authentischen Worte Munkacsys mitteilte, konnte sich nicht mehr an den genauen Zusammenhang erinnern und wollte seine eigenen Äußerungen auch nur mit Einschränkung verstanden wissen: Munkacsy sei allerdings nach Düsseldorf gekommen, um

Abb. 35. Ums Morgenrot.

sein Schüler zu werden, und er, Knaus, habe, da er großes Talent an dem jungen Mann fand, gerne und oft mit ihm verkehrt und ihm auch Ratschläge gegeben. Eine Lehre in der Schärfe, wie Munsei ein „Maler der Natur" (wie auch die von Bodmer herausgegebene litterarische Zeitschrift sich nannte). Die gründliche Widerlegung dieser Anschauung verdanken wir Lessing.

Man vergleiche, was Goethe im siebenten Buche von „Wahrheit und Dichtung" darüber sagt.

---

*) Es ist interessant, daß sich in der deutschen Litteraturgeschichte ein ähnlicher, allerdings umgekehrter Vorgang findet. Durch die Schweizer Bodmer und Breitinger wurde gegen Mitte des vorigen Jahrhunderts die Ansicht verfochten, der Dichter solle wie der Maler vorgehen, er

kacsy es behaupte, habe er freilich nicht ausgesprochen, da es ja seinen eigenen Grundsätzen zuwiderlaufe, „keinen einzigen Strich ohne Modell" zu malen. Wer dieser Regel unbedingt folgen wolle, könne ja kein Kunstwerk, sondern nur einen Abklatsch der Natur zuwege bringen. Allerdings habe er Munkacsy wiederholt auf die Natur hingewiesen. —

Knaus wird wohl — so läßt sich das Rätsel vielleicht lösen — bei der verschrobenen Art der Munkacsyschen Malweise diesen Hinweis auf die Natur und auf die Berechtigung des Künstlers, nach Modell zu malen, seinem quasi Schüler so deutlich vorgehalten habe, daß dieser von jetzt an von seiner Marotte auf immer geheilt war und in der Erinnerung später dem verehrten Meister sogar noch schärfere Worte in den Mund legte, als dieser gebraucht hatte; stand Munkacsy doch selber niemals auf einem extremen Standpunkte der Malerei nach der Natur, wenn er sich auch ängstlich hütete, seiner Phantasie allein eine Schöpfung verdanken zu wollen.

Auf jeden Fall wandte sich Munkacsy mit Überzeugung und Begeisterung der neuen Offenbarung zu, die so sehr seiner eigenen innersten Natur entsprach, und wir werden später noch sehen, wie er selber Fritz von Uhde denselben Weg zeigen sollte, auf den ihn Knaus gewiesen hatte; jetzt war Munkacsy, dem Naturfrische über alles ging, in seinem eigentlichen Element. Verstärkt wurde der Eindruck noch, wie es scheint, durch ein kleines Leiblsches Bild, zwei Künstler, die eine Studie betrachten, darstellend. Dieses Gemälde erregte damals bei seiner Ausstellung (wahrscheinlich noch 1868) berechtigtes Aufsehen. Auch Munkacsy ging hin und nahm aus der Ausstellung eine Anregung mit, die in seinen nächsten Werken schon zu Tage treten sollte. Zu Professor J. Leisten, dem Düsseldorfer Maler, der in damaliger Zeit zu seinen näheren Freunden gehörte, äußerte er vor dem Leiblschen Bilde den Wunsch, jetzt wolle er auch einmal so frisch malen wie Leibl. Es gelang ihm; unter dem doppelten Einfluß Leibls und Knaus' entstand sein reizendes Genrebildchen „Ums Morgenrot" (Abb. 35): ein Schusterbub, der sich mit köstlichem Gähnen — der Beschauer ist wirklich in Versuchung mitzugähnen!

— vom Strohsack erhebt; bei diesem Werke ist gerade der direkte Einfluß von Knaus unverkennbar, man wird sogar unwillkürlich an ein anderes — Knaussches — Schusterbubenbild erinnert, an das 1867 vollendete: Ventre affamé n'a point d'oreilles; nicht nur die Stimmung ist dieselbe, auch eine direkte, man möchte sagen Familienähnlichkeit der beiden Jungen ist unverkennbar. Auch andere Werke des deutschen Meisters übten in dieser Zeit ihre wahrnehmbare Wirkung auf Munkacsys Kunstentwicklung aus; wir denken außer den Knausschen reizenden Kinderdarstellungen, von denen wir später noch reden werden, z. B. an den „Taschenspieler", der, wenn er auch nicht die Anregung zu Munkacsys späterem „Dorfhelden" gegeben haben sollte, doch wenigstens in einer Figur, der alten Frau rechts, seine Gegenstücke im „Letzten Tag eines Verurteilten" und sogar noch im „Ecce homo" findet. Wenn Munkacsy nicht mit dem Verurteilten eine neue, ganz eigenartige und auch mit seinen eigenen früheren Bildern kaum noch Ähnlichkeiten aufweisende Richtung eingeschlagen hätte, wäre man berechtigt, ihn nach den damaligen Werken der ersten Düsseldorfer Zeit als Schüler Knaus' der Kunstgeschichte einzureihen. Zu nennen wären außer dem Schusterbuben „der Trommelschläger", „die Butterfrau", „die Küchenpolitiker" und andere, die zwar nicht alle vor dem „Verurteilten" ausgeführt wurden, sich aber im Gegensatz zu diesem von der geschilderten Beeinflussung durch Knaus nicht freihielten. „Ums Morgenrot" trug bei seiner Ausstellung in Düsseldorf und München dem Künstler wohlwollende Beachtung ein, ohne seinen Ruf jedoch über die immerhin eng begrenzten Kreise der Ausstellungsbesucher zu verbreiten.

Berühmt sollte Munkacsy erst sein folgendes Werk machen, „Der letzte Tag eines zum Tode Verurteilten" (Abb. 36), an dessen Ausführung er sich jetzt gab; der Stoff hatte den Künstler schon lange gefesselt — wie er sich überhaupt mit allen größeren Bildern manchmal jahrelang in Gedanken und kleinen Bleistift- oder Farbenskizzen beschäftigte — jetzt aber erst fand er den Mut, einen Gegenstand zu behandeln, der nicht nur an seine Maltechnik, sondern auch an seine psychologische Beobachtungsgabe so überaus hohe Anforderungen stellte.

Es war ein großes Wagnis, aus dem

engen Kreise, in dem er bis dahin den Stoff zu seinen kleinen Bauernidyllen und Genrebildchen gefunden hatte, mit kühnem Schritte in die Welt der Tragik zu schreiten. Wir sehen aber auch hier, wie gut Munkacsy sich kannte — das Wagnis gelang gut, besser sogar, als der Künstler es sich jemals hätte träumen lassen!

Auch Knaus, dem er von dem Plane seines neuen Bildes sprach, riet ihm bringend ab, doch mit dem richtigen Selbstbewußtsein, das Munkacsy schon Rahl und Piloty gegenüber gezeigt hatte, ließ er sich von dem für richtig und ausführbar gehaltenen Gedanken nicht abbringen und begann, ohne durch direkten Widerspruch den älteren

Abb. 36. Der letzte Tag eines Verurteilten. (Mit Genehmigung des Verlegers Th. Sedelmeyer in Paris.)

Freund zu verletzen, mit der Ausführung des „Verurteilten".

Mit peinlichster Sorgfalt wurde jede einzelne Figur wie die Gesamtkomposition des Bildes vorbereitet, wie uns Munkacsys Skizzenhefte aus jener Zeit beweisen. Es begann die Zeit des Modellsuchens. Die einzelnen Nebenfiguren fanden sich bald, nur zum Verbrecher selber wollte es dem Künstler nicht so schnell gelingen, eine geeignete Persönlichkeit aufzutreiben. Ein Bekannter des Malers, ein Herr S....., lehnte die Zumutung, zum Verbrecher Modell zu stehen, fast mit Entrüstung ab; Munkacsy suchte unverdrossen weiter, auf der Straße, in Wirtshäusern — überall.

Eines Tages hält er einen vorübergehenden Herrn plötzlich auf der Straße mit den unheimlichen Worten an: „Sie haben ein Verbrechergesicht, Sie müssen mir sitzen!"

Der Betreffende muß trotz seines gefährlichen Aussehens ein ganz gutmütiger Mensch gewesen sein, denn er war nach kurzer Aufklärung über den Sachverhalt bereit, die heikle Rolle zu übernehmen. —

Die Scene, wie der zum Tode verurteilte Verbrecher nach ungarischer Sitte am Tage vor der Hinrichtung dem Volke ausgestellt wird, entnahm Munkacsy den Erinnerungen seiner Jugend. Wie einfach aber und doch wie packend ist die Darstellung: der gefesselte Mörder, düster, finster, mit zusammengezogenen Brauen, starrt er vor sich hin, ohne seine Umgebung auch nur eines Blickes zu würdigen; die ihm zur Versöhnung mit Gott dargereichte Bibel hat er verächtlich in die Ecke geworfen, dabei macht der Verbrecher — und dies ist dem Maler hoch anzurechnen — weder einen gemeinen, abstoßenden noch einen hinterlistigen Eindruck. Freilich gehört er nicht zu den Personen, denen man gerne auf einem einsamen Waldwege begegnet wäre, und doch fesselt uns sein Gesicht, sein Schicksal und sein Ende. So wie diesen Verurteilten könnte man sich ungefähr einen Schillerschen Räuber vorstellen — abgesehen natürlich von jedem Sentimentalismus, der dem Munkacsyschen Bilde glücklicherweise völlig fehlt.

Alles ist hier dem Leben abgelauscht: die kellerartige Gefängniszelle, der Tisch mit Kruzifix und brennenden Lichtern, die Frau des Verbrechers, die sich schluchzend an die Wand lehnt, die Wache mit aufgepflanztem Bajonett, und vor dieser düsteren Scene eine Volksmenge — scheu sind sie hereingekommen, auf den Zehenspitzen, Furcht, Abscheu, Mitleid und verletzende Neugierde auf den Gesichtern — man sieht es, daß die Stimme kaum wagt, sich bis zum Flüstertone zu erheben; die dumpfe Kerkerluft bedrückt die Zuschauer, sie werden erst aufatmen, wenn sie wieder draußen, im Sonnenscheine sind, dessen verlorene Strahlen durch das enge, vergitterte Fenster fallen, ohne die düstere Scene zu erleuchten.

Ein Bild des Todes — und doch nicht abschreckend. Die Gewalt des Augenblicks ergreift den Beschauer und stimmt ihn zu ernstem Denken wie der Abschluß einer Tragödie. — — —

Weihnachten 1869 wurde das Bild fertig, aber schon vorher drangen Gerüchte darüber in die Öffentlichkeit; auch Knaus hörte von dem neuen Werke und erschien eines Tages in Munkacsys Atelier in der Ritterstraße, wo dieser ihn mit etwas verlegener Miene um Verzeihung bitten will, trotz seines Abratens das Werk begonnen zu haben. Knaus ließ ihn gar nicht seinen Satz vollenden, sondern schüttelte ihm herzlichst die Hand und sagte (nach Munkacsys eigener Erzählung):

„Sie haben ganz recht gehabt und ich war im Irrtum, als ich Ihnen von dem Bilde abriet; jetzt aber irre ich nicht, wenn ich dem Bilde großen Erfolg und seinem Schöpfer eine glänzende Zukunft prophezeie."

„Ich erinnere mich noch wie heute," erzählte mir vor kurzem Herr Professor Leisten in Düsseldorf, „an die erste Ausstellung des Verurteilten bei dem Kunsthändler Leopold Conzen. Neben Munkacsys Gemälde hing ein Bautier — wir beachteten ihn nicht; wie grau und matt stach das Bild des sonst so anerkannten Meisters gegen die leuchtenden, saftigen, vollen Farbentöne Munkacsys ab! Es war ein großer, unerwarteter und allgemeiner Erfolg; man drängte sich, um das Werk zu sehen, und unser bescheidener Freund Miska war wohl am meisten über den ungeahnten Beifall, den er fand, erstaunt. Mit Mühe überredeten wir ihn, sein Meisterwerk nach Paris zum Salon einzusenden, er fürchtete — abgewiesen zu werden!"

Wirklich war Munkacsy trotz der allgemeinen Zustimmung seiner Freunde, wie des Publikums, noch in bangem Zweifel über den Wert seines Bildes, und als ihm ein Amerikaner, ein Herr Wilstaek, für den „Verurteilten" 2000 Thaler anbot, sagte er voll Freude ja zu einem Gebote, Bankhause, mit dem frohen Bewußtsein, im Besitze eines solchen Schatzes aller Sorgen künftig enthoben zu sein.

Wir wissen, wie „Der letzte Tag eines Verurteilten" in Paris aufgenommen wurde, und der große Erfolg Munkacsys eigentlich schon in dem Augenblicke entschieden

Abb. 37. Porträtskizze Munkacsys, seine Gattin darstellend.
Nach dem Originale aus dem Besitze von Frau C. von Munkacsy.

das seine kühnsten Erwartungen übersteigen mußte. Mit wahrhaft kindlichem Vergnügen freute er sich, jetzt „Kapitalist" zu sein, und, während das Bild nach Paris unterwegs war, kaufte sich der sparsame Künstler für die Hälfte der Summe einige bessere Möbel, sowie Dekorationen, Teppiche u. s. w. für sein Atelier und übergab die übrigen 1000 Thaler einem war, als die Kiste, die das Werk enthielt, geöffnet wurde. Die goldene Medaille war diesmal wirklich durch die Volksstimme verliehen worden; vor Munkacsys ungarischem Gemälde standen die Menschen dicht gedrängt, um das Werk eines Meisters zu bewundern, der so sehr die Herzen zu rühren verstand, weil er selber das menschliche Elend durchgekostet hatte! —

Es dürfte wohl nicht allgemein bekannt sein, daß Munkacsy seinen „Verurteilten" 1877 aus dem Gedächtnis nochmals gemalt hat. Seiner Zeit hatte er, wie gesagt, das Bild Herrn Wilstack in Philadelphia für 2000 Thaler verkauft; daß dieser Herr damit ein vorzügliches Geschäft gemacht hat, beweist wohl schon die Thatsache, daß dem Künstler im Pariser Salon 1870 sofort 60000 Francs für sein Werk geboten wurden. Um so befremdlicher muß es daher scheinen, daß Wilstacks Witwe dem Künstler die leihweise Überlassung des Gemäldes für die Pariser Weltausstellung 1878 rundweg abschlug.

Düsseldorf erschienen war, die Skizzen und fertigen Bilder — unter anderem den „Trommelschläger" — gekauft und andere Gemälde wie z. B. die „Charpiezupferinnen" bestellt hatte. Goupil aber war auch, wenigstens zum Teil, an der Übersiedelung des Künstlers nach Paris schuld, eine Übersiedelung, die, jetzt schon geplant, nur durch den Ausbruch des deutsch-französischen Krieges verschoben wurde und erst 1872 zur Ausführung kam.

Während des Feldzuges blieb Munkacsy zunächst in Düsseldorf, und hier lernte er auch — am Weihnachtstage 1870 — seine zukünftige Gattin, die damalige Frau Baronin Cécile de Marches geb. Papier (Abb. 37) und ihren Gemahl kennen.

Herr Baron de Marches (Abb. 43) war von seinen luxemburgischen Besitzungen nach Düsseldorf gekommen, um verschiedene Freunde, die er unter den dort gefangen gehaltenen französischen Offizieren hatte, aufzusuchen. (Es braucht wohl kaum erwähnt zu werden, daß es Unsinn ist, wenn Claude Vento erzählt: Herr de Marches, der von seinen Luxemburger Besitzungen vertrieben [chassé] (!) worden war, hatte sich in diese Stadt [Düsseldorf] begeben.)

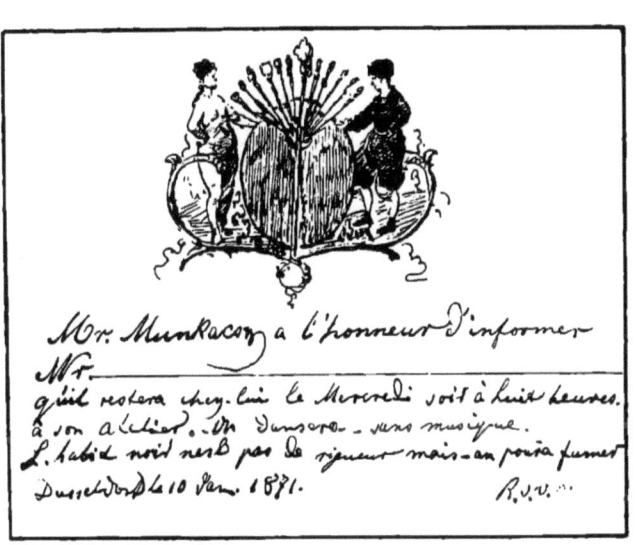

Abb. 38. Einladungskarte, von Munkacsy gezeichnet.

Munkacsy sah sich also gezwungen, falls er das Bild trotzdem ausstellen wollte, es nochmals zu malen, und die Ausführung gelang ihm über Erwarten gut, so daß die Eingeweihten die Kopie dem Originale vorzogen. Man muß dabei in Betracht ziehen, daß Munkacsy inzwischen in seiner Technik außerordentliche Fortschritte gemacht hatte, so daß das, was vielleicht an Frische und Ursprünglichkeit verloren ging, durch die größere technische Vervollkommnung ersetzt wurde. Der bekannte Stich des „Verurteilten" ist denn ebenfalls nach der Kopie und nicht nach dem Originale angefertigt worden.

Wir haben schon gesehen, wie Goupil, der Pariser Bilderhändler, bei Munkacsy in Da Munkacsy den Franzosen infolge seiner Ausstellung des „Verurteilten" im Pariser Salon bekannt war, verkehrte er trotz seiner gänzlichen Unkenntnis des Französischen ebenfalls ziemlich viel mit diesen Herren, so daß sich auch bald eine Gelegenheit zur näheren Bekanntschaft mit Herrn de Marches bot. Mit diesem besuchte Munkacsy später auch das deutsche Lager vor Longwy, dann die zerschossene Stadt selbst, sowie nach der Kommune das verbrannte Paris.

In Düsseldorf ging es trotz des Krieges recht lustig zu, und Munkacsy wirkte in origineller Weise an den internationalen

Festlichkeiten mit, an denen sich deutsche wie französische Offiziere, die sich in Düsseldorf aufhielten, gemeinsam beteiligten. So erzählt man heute noch von einem Herrenabend, den der junge Ungar seinen Freunden in seinem Atelier gab und bei dem die Einladungskarte (Abb. 38) schon wahre Wunderdinge versprach:

„Herr Munkacsy hat die Ehre, Herrn... zu benachrichtigen, daß er Mittwoch Abend in seinem Atelier sein wird.

Es wird getanzt --- ohne Musik ---

Abb. 39. Die Charpiezupferinnen (Episode aus dem ungarischen Befreiungskriege 1848/1849). (Mit Genehmigung des Verlegers Ch. Sedelmeyer in Paris.)

Gesellschaftsanzug ist nicht vorgeschrieben, doch — darf geraucht werden.
Düsseldorf, den 10. Jan. 1871. U. A. w. g."
Bei diesem Fest muß es recht lustig zugegangen sein, zumal Munkacsy diesmal nicht nur Thee servieren ließ, so daß Herr de Marches, der auch geladen war, zum ersten und einzigen Mal in seinem Leben — honny soit qui mal y pense — einen kleinen Affen nach seinem Hotel mitbrachte, und die Nachbarschaft Munkacsys sich über „nächtliche Ruhestörung" energisch beschwert haben soll. —

An neuen Bildern finden wir von Munkacsy nicht sehr viel während der seinem großen Erfolge in Paris unmittelbar folgenden Zeit. Erwähnt seien „die Charpiezupferinnen" (Abb. 39), eine Darstellung aus dem ungarischen Befreiungskrieg 1848, an den ja, wie wir wissen, Munkacsys erste Kindererinnerungen sich anknüpften. Charpiezupfenden Frauen erzählt ein verwundeter junger Mann die von ihm miterlebten blutigen Ereignisse. Eine düstere Stimmung liegt auf der Scene; wir sehen, daß es schlecht mit der Sache des Vaterlandes stehen muß — alles ist gedrückt, und der junge Held macht einen finster entschlossenen Eindruck. Man erinnert sich unwillkürlich der von Munkacsy in seinen Erinnerungen geschilderten Zusammenkünfte seiner Verwandten in Csaba, denen er beiwohnen durfte:

„... Man wagte es kaum laut zu sprechen, denn jeden Augenblick erfuhr man von neuen Verhaftungen, für ein Nichts, für ein Wort über die Recitation eines patriotischen Gedichtes; und wer seine Freiheit verlor, konnte lange warten, bis er sie wieder erhielt! . . . . . .

... Wenn ich jener Winterabende gedenke, so höre ich im Geiste gleichsam die gedämpften Stimmen der Vergangenheit mit ihren Seufzern und Klagen. . . . So sah ich denn oft die Freunde versammelt, sie lasen die Zeitungen oder besprachen die Ereignisse, und ich hörte zu, denn ich war in dem Alter, wo man mitzufühlen, wenn nicht zu verstehen beginnt. Auch meine Tante (Frau Steiner), eine sehr energische und kluge Frau, beteiligte sich an den Gesprächen."

Ein zweites Bild, das wahrscheinlich auch dieser Zeit angehört, ist „Die Brotschneiderin (Vor der Schule)" (Abb. 40), sowie eine sehr schöne Landschaft, die ein Herr Forbes in London kaufte.

Eine eigentümliche Erregtheit hatte sich aber jetzt des Künstlers bemächtigt; er befand sich trotz vorübergehender ausgelassener Lustigkeit in einer recht unglücklichen Gemütsverfassung. Der unglaubliche Erfolg hatte ihn geblendet, aber in ganz anderer Art geblendet, als man denken sollte. Was das bitterste Elend nicht vermochte, hatte das plötzliche Glück fertig gebracht: Munkacsy zweifelte an seinem Talente, er stand ratlos vor der Zukunft! Würde es ihm wohl gelingen, die schwindelnde Höhe, auf die der Erfolg seines ersten Bildes ihn gehoben hatte, mit den folgenden Werken zu behaupten? Dieser peinigende Gedanke, der erst leise auftauchte, wurde immer aufdringlicher, immer quälender, wurde zur fixen Idee.

Schon jetzt, in der letzten Zeit seines Düsseldorfer Aufenthaltes finden wir diese trübe Stimmung bei Munkacsy. So schreibt er — wir geben den auch im Originale deutsch geschriebenen Brief ohne andere als orthographische Änderungen — von Düsseldorf aus an Frau de Marches:

„Geehrte gnädige Frau!

Ich bitte tausendmal um Entschuldigung für mein unartiges Schweigen, ich habe aber immer auf das gewartet, daß ich etwas Freudiges von mir hören lassen könnte. Ich wußte, daß Sie mehr Freundschaft für mich Armen haben, als daß es Ihnen nicht leid thun sollte, wenn ich all' meinen Katzenjammer und Quälereien niederschreibe, und deswegen will ich auch nichts davon sagen.

Genug in so viel, daß ich noch immer an meinem „Besoffenen" — (ein Bild Munkacsys, von dem wir im folgenden noch mehr zu reden haben, siehe eine Skizze dazu in Abb. 41) — arbeite, und es ist ein ganz anderes Bild daraus entstanden. So ist das, wenn man sich immer mit Besoffenen beschäftigt, man verliert auch selbst seinen Kopf. . . . . . .

... Jetzt ist wiederum ein anderer Freund von mir hier, der in Weimar Professor ist. Also mit ihm und durch einen vernünftigen Brief habe ich mich von Weimar vollständig und glücklich losgemacht; es ist aber auch nötig gewesen, weil es unmöglich gewesen wäre, hinzugehen. . . . .

... Wir hatten noch keinen einzigen guten Tag im Mai. Ich von meiner Seite vermisse nicht viel davon; auszugehen hätte ich so wie so keine Zeit und auch nicht viel Lust, weil es mit der Malerei gar nicht gut vorangehen will, jetzt fange ich an, an meinem großen Bilde (es handelt sich um die „Eingefangenen Strolche") zu arbeiten; ich bin bange, zu verspielen damit. . . . .

. . . Ich war auf eine Hochzeit von Herrn D . . eingeladen, aber ich habe vollrant speisen und mußte bei seiner Rückkehr von seinem Diener hören, es seien „viele Herren in Frack dagewesen, die nach ihm gefragt hätten". —

Schon in dem angeführten Briefe finden wir Anzeichen der nervösen, unzufriedenen und selbstquälerischen Laune, die den Künstler bald der Verzweiflung nahe bringen sollte. Er arbeitet mit peinlichster Selbst-

Abb. 40. Vor der Schule. Nach einer Radierung des Gemäldes von W. Unger.

ständig vergessen hinzugehen, es ist mir nur den anderen Tag eingefallen. . . ."

Diese zuletzt erwähnte Vergeßlichkeit war bei Munkacsy keineswegs ein außergewöhnliches Ereignis. Er lieferte in diesem Punkte Stoff zu den köstlichsten Anekdoten: In Paris lud er einmal — als er noch Junggeselle war — eine ganze Reihe seiner Bekannten, unter anderen die Herren der österreichisch-ungarischen Botschaft, zum Diner ein, ging aber selber an dem betreffenden Abend ganz arglos ins Restaukritik: immer wieder ändert er um; was am Abend vollendet ist, wird morgens wieder ausgekratzt, immer noch besser soll es werden; was heute gut erscheint, wird morgen wieder verworfen! Mit welcher Scheu schreibt Munkacsy in dem Briefe schon von dem „großen Bilde", mit dem er zu „verspielen" fürchtet; welcher Mißmut, welche Unzufriedenheit mit sich selbst tritt aus seinen Zeilen zu Tage — trotzdem — oder weil gerade jetzt alle Welt zu ihm als dem aufgehenden Sterne emporblickt — trotzdem jetzt Preise, die er früher für fabelhaft gehalten hatte, für seine Bilder gezahlt werden — trotzdem man ihn mit Ehren überhäuft!

War ihm doch die Pariser goldene Medaille zugefallen; jetzt bot man ihm sogar eine Professur an der Weimarer Akademie an, die Munkacsy allerdings in der richtigen Selbsterkenntnis ablehnte, seine rücksichtslose, eigenartige Kunst befähige ihn ebensowenig zum Lehrer, wie sie ihn einst zum Schüler tauglich gemacht hatte. —

Lange hielt er es nicht mehr in Düsseldorf aus; Goupil sowie Herr de Marches zeiten anfangs recht einförmig gewesen sein: aus der französischen Speisekarte kannte er nur vier Bezeichnungen: Turbot, sauce hollandaise, Rumsteak und petits pois, unter denen er denn jeden Mittag seine Auswahl treffen mußte!

Und doch konnte sich der junge Künstler in der französischen Hauptstadt nicht ganz als Fremden fühlen. Nicht nur ging ihm der Ruhm seines „Verurteilten" voraus, auch manche liebe Bekannte, die er in Düsseldorf kennen gelernt hatte, empfingen ihn mit offenen Armen. Vor allen war

Abb. 41. Ein Besoffener. Bleistiftskizze Munkacsys (Düsseldorf).

hatten ihm zugeredet, nach Paris zu ziehen, er selber versprach sich von der Luftveränderung und der anderen, neuen Umgebung einen heilsamen Einfluß auf seine Kunst, die er im Abnehmen begriffen glaubte. Kein Band fesselte ihn an Düsseldorf, so daß der Abschied nicht allzu schwer wurde.

Am 25. Januar 1872 traf Munkacsy in Paris ein. —

IX.

Munkacsy war fast achtundzwanzig Jahre alt, als er zur dauernden Niederlassung in Paris ankam. Erschwerend war zunächst seine fast gänzliche Unkenntnis der französischen Sprache; so sollen z. B. seine Mahl-

es Herr de Marches, der sich seiner annahm, vom ersten Augenblick an, als Munkacsy mit den lakonischen Worten: „Ich bin hier — meine Sachen an der Bahn" bei ihm eintrat.

Wie ein Vater für den Sohn sorgte Herr de Marches für seinen trotz der elenden Vergangenheit in praktischen Dingen recht unbeholfenen Schützling. Er redete ihm zunächst den Gedanken aus, in Paris in so bescheidener Weise wie früher zu leben; er bewies Munkacsy, daß er es seinem Ruhme schuldig sei, etwas zu „repräsentieren", zumal da ihm doch seine jetzigen Einnahmen einen größeren Luxus gestatteten: in einer Dachkammer werden wenig Leute zu ihrem

Porträt sitzen wollen! So suchte de Marches ihm denn ein hübsches Atelier in der Rue Lisbonne Nr. 74, half ihm bei der Einrichtung und mietete sogar eine — Köchin für ihn.

In seinem eigenen Hause, wo Munkacsy viel verkehrte, führte Herr de Marches ihn in die Gesellschaft ein; auch hier irrt Claude Vento, wenn sie schreibt: „... (Herr de Marches) ließ ihn (Munkacsy) in seinem Hause verkehren, dessen gastliche Thüre zu dieser Zeit bei Herrn de Marches' schlechter Laune nur den intimsten Freunden offen stand." Herr de Marches

Abb. 42. Eingefangene Strolche. (Mit Genehmigung des Verlegers Ch. Sedelmeyer in Paris.)

Abb. 43. Porträtskizze Munkacsys, Herrn Baron de Marches darstellend.
Nach dem Originale im Besitze von Frau C. von Munkacsy.

besaß im Gegenteil in hervorragendem Maße jene Eigenschaft, die wir Jovialität nennen. Ein vorzüglicher, stets lustiger Gesellschafter, dabei als alter ungarischer Rittmeister ein vorzüglicher Reiter, ein Kavalier und Gentleman vom Scheitel bis zur Sohle, äußerlich wie innerlich. Sein Haus war jederzeit der Sammelpunkt einer feinen, ausgesuchten Gesellschaft, in der er mit vollendeten Formen den angenehmen Wirt machte. So trat er sowohl wie seine Gattin offen und liebenswürdig dem jungen ungarischen Künstler entgegen, und beide bemühten sich, den Maler, dessen große Zukunft sie ahnten, in der feinen Welt von Paris zu der Anerkennung zu bringen, die sich nicht nur in Komplimenten und Einladungen zum Essen, sondern auch in Bestellungen und künstlerischen Aufträgen äußert — kurz und gut, Munkacsy wäre aller Sorgen enthoben gewesen, wenn er nicht immer noch an der erwähnten künstlerischen **Hypochondrie** — wenn man seinen Gemütszustand so nennen darf — gelitten hätte. Die Übersiedelung nach Paris hatte ihn nicht geheilt; im Gegenteil wurde Munkacsys Stimmung nur noch schlimmer; er sollte bald eine Krisis durchmachen, die für ihn hätte verhängnisvoll werden können, und die er selber später als den wichtigsten Moment seines Lebens bezeichnete.

Wir haben aus dem oben angeführten Briefe an Frau de Marches gesehen, mit welcher Verzagtheit er noch in Düsseldorf an dem „**Besoffenen**" arbeitete. Das Bild hatte er unvollendet mit nach Paris genommen, aber auch hier brachte er es nicht zu einem ihn befriedigenden Abschluß. Der Bilderhändler Goupil, der das Gemälde schon im voraus für 12 000 Francs gekauft hatte, macht ihm eines Tages in seinem Atelier eine Bemerkung über irgend eine Kleinigkeit, die er an dem Werke vielleicht ändern könnte — Munkacsy nimmt sich den harmlosen Tadel, der ihm nur zu bestätigen scheint, was er selber sich fortwährend vorwirft, so zu Herzen, daß er nach Goupils Weggang unverzüglich ein Messer ergreift und das Bild kreuz und quer zerschneidet.

Goupil, der am folgenden Tage ganz entsetzt das Zerstörungswerk sieht, weiß noch einmal die nervöse Überreiztheit des Künstlers zu besänftigen, und Munkacsy beginnt die „**Eingefangenen Strolche**" (Rôdeurs de nuit) (Abb. 42), oder vielmehr er nimmt die Arbeiten zu diesem Werke, die ihn schon in Düsseldorf beschäftigt hatten, mit vollem Eifer wieder auf.

Anfangs scheint alles gut zu gehen, die Figuren der nächtlichen Scene — eine Patrouille hat einige äußerst fragwürdige Gestalten bei einer Razzia aufgetrieben und führt die gefesselten Strolche im ersten Morgengrauen nach dem Polizeirevier; die wenigen Personen, denen der Zug begegnet, weichen scheu zur Seite aus — die Figuren wie die Komposition des Ganzen waren vorzüglich geraten, als sich Munkacsy ein scheinbar unüberwindliches Hindernis entgegenstellte: der richtige „Fond", der Hintergrund, der der Scene erst die düstere Stimmung geben sollte, will nicht gelingen.

Der Künstler wird unruhig — wird verzweifelt; Morgens um vier, fünf Uhr verläßt er seine Wohnung, geht oder reitet stundenlang aus, weit fort, ins Bois de Boulogne — plötzlich eilt er zurück, er glaubt einen Gedanken zu haben, betrachtet sein Bild, ändert, kratzt aus, übermalt und kratzt wieder aus, was gerade fertig geworden ist. Er findet keinen Schlaf, ißt nicht und wälzt die abenteuerlichsten Ideen in seinem Kopfe herum: die ganze Malerei will er aufgeben, ein Handwerk — irgend etwas ergreifen. Dann wieder weint er wie ein kleines Kind — seine Aufgeregtheit erreicht einen solchen Grad, daß man das Schlimmste befürchten muß.

Herr de Marches befand sich gerade auf seiner Luxemburger Besitzung Schloß Colpach (Abb. 44), als seine Gattin, die in Paris geblieben war, ihm Mitteilung von dem traurigen Zustande seines Freundes machte; sofort lud er ihn ein, in der ruhigen Landluft sich gründlich zu erholen und einige Wochen keinen Pinsel und keine Kohle anzurühren, überhaupt eine Zeitlang gar nicht mehr an Malerei zu denken. Munkacsy ließ sich überreden und kam.

Seine Nervosität hörte zwar nicht sofort auf — es scheint, daß er in Colpach sogar einen Selbstmordversuch gemacht hat — aber immerhin zeigte sich schon bald eine Besserung; er fand Zerstreuung und Ablenkung von seinen trüben Gedanken durch den anregenden Verkehr, den er bei de Marches hatte. Die melancholischen Stimmungen, während derer er stundenlange Spaziergänge unternahm, werden seltener, zuweilen vergißt er vollständig seinen Kummer und zeigt sich wieder als den lustigen, sogar übermütigen Gesellschafter, der er früher in Düsseldorf war.

Ein Zufall aber sollte ihn ganz von seiner Schwarzseherei und der abergläubischen Furcht, sein Talent verloren zu haben, befreien. Im Schlosse Colpach wurde während dieser Zeit ein Saal, das Rauchzimmer, umgebaut, ein reizender viereckiger Raum mit steinerner gotisch gewölbter Decke. Die Wände — in ihrer unteren Hälfte mit Eichenholz verschält — bedeckte erst der frische Kalkbewurf, sie harrten noch der weiteren Ausschmückung und Verzierung.

Munkacsy besichtigt eines Morgens die fortgeschrittenen Arbeiten, als ihn plötzlich beim Anblick der großen weißen Flächen eine unwiderstehliche Lust zum Zeichnen überkommt: mit wenigen Kohlenstrichen wirft er eine Scene hin, die ihm bei einem Spaziergange in einem Dorfe der Umgebung aufgefallen war, bezeichnenderweise war es — ein Begräbnis.

De Marches und seine Gäste kommen hinzu, man beglückwünscht den Künstler, und unter dem Vorbehalt, weniger düstere Gegen-

Abb. 44. Schloß Colpach. Nach einer Photographie.

Abb. 45. Die Wandbilder in Colpach: Wäscherinnen am Bache des Parkes.

stände zur Darstellung zu wählen, bestimmt ihn der Baron, den erfaßten Gedanken durchzuführen und das Rauchzimmer mit Wandmalereien zu schmücken.

Farben, Pinsel und das übrige Malgerät werden umgehend aus dem benachbarten belgischen Städtchen Arlon besorgt, und in drei Tagen sind die Wände des Salons mit fünf reizenden, mit Staffage belebten Landschaften aus dem Colpacher Parke und der ländlichen Umgebung bedeckt: Wäscherinnen an ihren Pritschen, Wald=

Abb. 46. Die Wandbilder in Colpach: Baron de Marches mit dem Pastor von Ell am Parkeingange.

Abb. 47. Die Wandbilder in Colpach: Waldpartie.

partien mit Holzsuchern und endlich Herr de Marches selber im Gespräche mit dem würdigen Pfarrer vom Dorfe Ell am Parkeingange. Wir geben in Abb. 45 bis 48 vier von diesen stimmungsvollen Wandbildern wieder.

„Ich war in fieberhafter Thätigkeit," erzählte Munkacsy später selbst, „die Schaffensfreudigkeit war wieder über mich gekommen; ich hätte die Farben trinken und die Pinsel anbeißen können!"

Er war gerettet und hat nie wieder an seinem Talent gezweifelt. Bald nach seiner Rückkehr nach Paris wurde das Bild „Eingefangene Strolche" vollendet und ein zweites („Das Leihhaus") begonnen.

Herr de Marches freilich sollte den Erfolg dieser Werke nicht mehr erleben; nach kurzer Krankheit starb er in Paris, und Munkacsy durfte, gestützt auf die lange Freundschaft, die ihn mit der Familie verband, und die Achtung, die er sich durch seinen Charakter wie durch seine Kunst erworben hatte, wagen, im folgenden Jahre der jungen Witwe seine Hand anzubieten.

Am 5. August 1874 fand die Hochzeit in Colpach statt. Ein neues Leben und eine neue frucht-

Abb. 48. Die Wandbilder in Colpach: Holzsucherin im Walde.

bare Kunstperiode sollte mit ihr beginnen; jetzt brauchte Munkacsy sich nicht mehr, wie früher als selbstwirtschaftender Junggeselle um all' die Kleinigkeiten der Haushaltung zu bekümmern, die jeden Mann — und einen Künstler vor allem — so wenig ansprechen. Jetzt konnte er sich ganz seiner Kunst widmen und fand, wenn er ermüdet das Atelier verließ, eine reizvolle Häuslichkeit vor, in der seine Gattin eine anregende Gesellschaft zu versammeln wußte. Frau Cécile Munkacsy (erst 1878 wurde Munkacsy geadelt) wußte mit liebevoller Hingabe und jenem sicheren Blick, der nur den Frauen gegeben ist, jedem seiner Wünsche zuvorzukommen und war nicht nur im Leben, sondern auch in seiner Kunst, wo er viel auf ihre Ansicht gab, seine treue Helferin, eine wahre Freundin.

Die Hochzeitsreise, die durch die Schweiz, zu Wagen über den Simplonpaß nach Norditalien, Lago maggiore, Mailand, Venedig und von da zurück über Triest nach Schlesien, Ungarn — wo der noch lebende Onkel Röck begrüßt wurde — und die Ufer des Rheins führte, ist insofern merkwürdig, als Munkacsy hier zum ersten- und letztenmal in Italien war. Kein Mangel an Wissensdurst verhinderte ihn, die klassischen Denkmale italienischer Kunst zu besuchen, es war mehr eine naive Scheu, etwas zu sehen, das ihn von seinem eigenen Wege abbringen und zum Nachfolger eines anderen Meisters machen könnte, oder sogar die Angst, durch den Anblick all' der Wunderwerke anderer Künstler die eigenen Schöpfungen zu unterschätzen und das so nötige Selbstvertrauen zu verlieren. —

Die Fortschritte in Munkacsys Kunst sind Schritt für Schritt zu verfolgen, wenn man die Bilder der letzten Zeit mit früheren vergleicht. Abgesehen vom „Verurteilten", der eigentlich den Ausgangspunkt der ganzen neuen Auffassungs- und Darstellungsart bedeutet, haben wir zunächst die noch in Düsseldorf fertig gewordenen „Charpiezupferinnen", die noch im Jahre 1873 ausgestellten „Eingefangenen Strolche" und vom Jahre 1874 das „Leihhaus" (Abb. 50) in Betracht zu ziehen. Jedes neue Werk zeigt uns, wie ernst Munkacsy den berechtigten Vorwurf der Schwarzmalerei aufnahm; jedes bringt ihn, wie ein französischer Kritiker recht hübsch bemerkte, eine Stufe höher aus dem Keller heraus, in dem er mit seinem „Verurteilten" gesessen hatte.

Abb. 49. Bleistiftskizze Munkacsys (vom Jahre 1873).

Die beiden Scenen — „Eingefangene Strolche" und „Leihhaus" — zeigen schon in der Technik einen größeren Fortschritt gegenüber dem „Verurteilten"; der Maler war heller, deutlicher geworden und konnte mit der Aufnahme, die seine neuen Bilder beim kunstverständigen Publikum fanden, recht zufrieden sein, wenn sie auch nicht auf die Masse dieselbe Anziehungskraft ausübten, wie sein preisgekröntes erstes Meisterwerk. Hiervon lag die Schuld hauptsächlich an der anspruchloseren, weniger romantischen Handlung, die der Künstler in seiner schlichten Weise vorführte.

Und doch, wie viel läßt sich bei diesen Scenen denken, die uns eine Welt zeigen, wie sie den meisten Ausstellungsbesuchern fremd sein dürfte!

Ins volle Menschenleben hat der Maler hineingegriffen, aber mit echtem Künstlerblick wußte er stets, wo es interessant ist. Man hat gesagt, Munkacsy sei Realist. Der Begriff ist nachgerade zum faden Schlagwort geworden. Auch Munkacsy nahm die

Gegenstände zur Darstellung, wo er sie fand, und doch faßte er die Kunst anders auf, als so manche moderne „Realisten", denen heit und das tiefe Elend eines Leihhauspublikums — alles führt uns Munkacsy vor, doch seine Darstellung adelt den

Abb. 50. Das Leihhaus. (Mit Genehmigung des Verlegers Ch. Sedelmeyer in Paris.)

Naturtreue erstes Gesetz und die Wirkung auf den Beschauer Nebensache ist.

Mörder und Strolche, das Arbeitervolk einer Dorfschenke, die ganze Verkommen- Stoff. Nicht, als sei eine einzige Figur unwahr oder idealistisch verzerrt — alles atmet Leben, aber trotz dieser Lebenswahrheit empfinden wir künstlerisches Behagen auch bei den gewagtesten Scenen; nicht rohe Typen aus der Hefe des Volkes blind herausgezogen führt er uns vor, die wir halb mit Abscheu, halb neugierig wie Photographien eines Verbrecheralbums betrachten. — Munkacsy weiß stets unseren **Geist** zu beschäftigen, **anzuregen**, und die Phantasie spinnt den Roman weiter, dessen packendste Scene des Künstlers Pinsel uns hingezaubert hat.

Auch das „Leihhaus" ist in dieser Beziehung lehrreich. Alle Stände sind vertreten, der verkommene Musiker, der kranke Handwerker, ein Laufbursche, Frauen und Kinder, und bei jeder Person weiß Munkacsy den Grund ihres Hierseins mit überzeugender Gestaltungskraft in Miene und Haltung zu legen oder sonstwie in unzweifelhafter Weise zu erkennen zu geben. Freilich ist die **französische** Aufschrift über dem Schalter des Pfandleihers eine Unmöglichkeit; die Scene ist dem Volkstypus nach durch und durch deutsch, die Mappe mit Zeichnungen oder Stichen, sowie die lang aufgeschossene Gestalt mit dem Schlapphute im Hintergrunde scheinen uns auf eine deutsche Kunststadt — wir denken an München oder Düsseldorf — zu verweisen, und wir dürfen wohl auch ruhig annehmen, daß der Maler dort wohl eher als in Paris — der Not gehorchend, nicht dem eigenen Triebe — seine Studien über die Welt des Leihhauses anstellen konnte. Er wird auch bei diesem Bilde nach bisheriger Gewohnheit Erlebtes wiedergegeben und nicht Neues erfunden haben.

Man hat dem Künstler nicht mit Unrecht vorgeworfen, daß die Personen der **besseren Stände** ihm damals weniger gelungen seien als die einfachen Leute, Arbeiter, Frauen aus dem Volke u. s. w. Munkacsy hatte bis jetzt noch nicht genügend Gelegenheit, in der feinen Welt seine Studien zu machen. Bald sollte dies sich ändern, und in späterer Zeit finden wir vielleicht das Umgekehrte, wie wir im folgenden sehen werden.

Das folgende Jahr bringt wieder neue Werke ähnlicher Auffassung, von denen besonders der „Dorfheld" (Abb. 51) genannt sei, jetzt im Museum zu Köln am Rhein. Wieder ist es eine ungarische Scene; in einem Wirtshaus läßt eine herumziehende Jongleurfamilie ihre Kunststücke sehen; einer von ihnen, ein ziemlich schmächtiger, aber augenscheinlich gewandter Mann, fordert die anwesenden Bauern zum Ringkampfe heraus; der „Dorfheld" — wahrscheinlich wohl der Schmied — nimmt im Bewußtsein seiner Kraft mit halb überlegener, halb argwöhnischer Miene die Herausforderung an und streift die Ärmel über die muskulösen Arme zurück. Mit gemischten Gefühlen schauen die Dorfschönen der Entwickelung zu.

Es liegt in der ganzen Darstellung ein prächtiger, echter Humor, der überhaupt Munkacsy weder im Leben, noch in der Kunst abgeht. Die Malweise ist flott, die Komposition sicher entworfen und die Farben frisch und leuchtend, ohne daß der Hauch von Schwermut, der Munkacsys Bildern in dieser Zeit stets eigentümlich bleiben sollte, ganz fehlte.

Inzwischen — noch im Jahre 1875 — begann der Künstler den Bau seines eigenen „Hotels" in der Rue Lisbonne; jetzt mochte er wohl oft genug im stillen einen Vergleich zwischen Vergangenheit und Gegenwart ziehen; mit wahrhaft kindlicher Freude ging er abends vor seinem Bauplatze auf und ab spazieren und zählte, wieviel Schritte sein „Besitztum" lang war. Nie hätte er geglaubt, pflegte er dann zu sagen, nie, auch in seinen kühnsten Träumen nicht, daß er einstens in Paris noch — Hausbesitzer werden sollte!

Es war eine glückliche Zeit! Im Vollbesitze seiner Schaffenskraft wie seiner Gesundheit (siehe Abb. 52) freute er sich des Lebens, ohne jedoch seine bescheidenen Ansprüche an dasselbe weiter zu steigern, als es die Gesellschaft, in der er verkehrte, verlangen mußte. Vom Morgen bis zum Abend an der Arbeit, fand er Erholung in dem Kreise des Geburts- wie Geistesadels, der ihn mit offenen Armen als Gleichberechtigten in seiner Mitte aufgenommen hatte.

Die Sommermonate verbrachte er mit seiner Gemahlin auf Schloß Colpach, doch auch hier stets beschäftigt, stets seiner Kunst lebend; hier entstanden Landschaften, kleine Park- und Genrescenen Jahr für Jahr; alles ließ der Künstler auf sich einwirken, alles gab in buntem Wechsel sein unermüdlicher Pinsel mit gleich fesselnder Darstellung wieder.

Es ist wirklich wunderbar, wie viel —

und manchmal auch wie schnell Munkacsy arbeitete; er hatte das Bedürfnis zu schaffen, und erst eine Zusammenstellung seines Werkes wird einen richtigen Begriff seines Fleißes, wie seiner Lust und Liebe zur Kunst geben.

Daß nicht alle seine Werke auf der Höhe seiner bekanntesten Bilder stehen, braucht wohl kaum betont zu werden; daß aber Munkacsy alle aus innerem Drange und niemals etwa um des Geldes willen geschaffen hat, ist jedem klar, der gesehen hat, mit welcher Anspannung aller Geisteskräfte er bei der Arbeit war.

Wie Goethe — in dieser Beziehung sei ein Vergleich erlaubt — fühlte auch

Abb. 51. Der Dorfheld. (Mit Genehmigung des Verlegers Ch. Sedelmeyer in Paris.)

Munkacsy das Bedürfnis, alles, was ihn bewegte und was ihn fesselte, künstlerisch wiederzugeben; seine zahlreichen Skizzenbücher beweisen es: manches, was er in ihnen mit wenig Strichen niederlegte, wurde ausgeführt, anderes blieb liegen und wieder anderes — allerdings das wenigste — fesselte ihn so, daß er wieder und wieder die darzustellende Scene überdachte, daß er monate-, ja jahrelang sich mit ihr in Gedanken und Skizzen beschäftigte, bis er auch über die kleinsten Einzelheiten im klaren war, ehe der erste Pinselstrich zum eigentlichen Gemälde gethan wurde. Allerdings hat sich Munkacsy bei diesen Bildern auch niemals in seinen Erwartungen getäuscht gesehen: diese fein durchdachten Werke bilden Merksteine in seinem künstlerischen Leben. — Schon das nächste Jahr 1876 soll uns so ein Meisterwerk bringen: in dem Pariser Salon erregte Munkacsys Bild, „Das Atelier" (Abb. 54), berechtigtes Aufsehen.

Abb. 52. Michael Munkacsy.
Nach einer Photographie vom Jahre 1876.

Es stellte den Künstler und seine junge Frau vor seiner Staffelei vor, während ein putziges kleines Mädchen, das Modell gesessen hat, im Hintergrund auf einem Tisch kauert und mit köstlichem Ausdruck der Verlassenheit den Beschauer anblickt. Die französische Kritik hatte volles Recht, den Künstler zu seinem erfolgreichen Streben nach Luft und Licht und Klarheit zu beglückwünschen; bezeichnend aber für französischen Geist ist es, daß gerade der feine, schalkhafte Humor, der in der Darstellung des kleinen Modells liegt, in Frankreich überhaupt nicht verstanden wurde; man fragte verwundert, was das „kleine häßliche Ding", das einige sogar für sein Kind hielten (!), hinter der Staffelei zu thun habe.

Munkacsy hatte schon auf dem „Verurteilten" eines dieser von ihm so reizend behandelten Kinder — die an Knaus' berühmte Kinderdarstellungen erinnern — angebracht; in den meisten Bildern der kurz

Abb. 53 Innenansicht eines Zimmers im Schlosse Colpach. Nach einer Photographie.

folgenden Zeit finden wir sie wieder [in den „Charpiezupferinnen", dem „Leihhaus", dem „Dorfheld" und anderen, ebenso wie in einigen Einzeldarstellungen in denen sich „Vorbilder" für Munkacsys sonst so eigenartige Kunst nachweisen lassen. Da die Anlehnung eigentlich nur im Stoffe und der Beobachtungsart liegt und unser

Abb. 54. Das Atelier. (Mit Genehmigung des Verlegers Ch. Sedelmeyer in Paris.)

(Abb. 56)]. Wir haben es hierbei mit einem der wenigen Zeichen von Anlehnung zu thun — denn von direkter Nachahmung wird niemand sprechen können —, Meister seinem Düsseldorfer Freunde ebenbürtig zu folgen weiß, können wir den schalkhaften, feinen Humor, der in diesen Kinderdarstellungen — (zwei im Jahre 1873 porträtähnlich gezeichnete Kinderskizzen finden wir in Abb. 49 und 55) — zu Tage tritt, nur als willkommene Abschwächung der älteren, düster gestimmten Scenen, die Munkacsy uns vorführt, empfinden. Übrigens hat der Künstler bei der durch sein „Atelier" in der Stoffwahl markierten Schwenkung aus der Welt der Armut und des Elends in

Mit dem „Atelier" begann für Munkacsy eine Reihe ganz anders gearteter Bilder, als man sie bis dahin von ihm zu sehen gewöhnt war. Er, der als Maler der Armut und des Elends seinen Ruhm erlangt hatte, versuchte mit diesem Gemälde zum erstenmal die Eleganz darzustellen; der Erfolg seines „Ateliers" ermutigte ihn, auf

Abb. 55. Kinderporträt (Bleistiftzeichnung Munkacsys).

die des heiteren Lebensgenusses die Puttendarstellungen beibehalten. In seinen „Salon"bildern der Folgezeit begegnen wir den reizendsten Kindern, freilich nicht mehr in Strumwelköpfchen und zerrissenen Kleidchen, sondern zierlich, sogar geputzt — und doch mit dem vollen Ausdrucke kindlicher Freude und Unschuld. Teilweise bilden sie sogar den Mittelpunkt der Handlung, wie wir bei der „Zuckerdiebin" (Abb. 62) und dem „Pfaue fütternden Mädchen" (Abb. 75) sehen können.

dem begonnenen Wege fortzuschreiten. Er selber sagte, daß, wenn er das „Atelier" nicht gemalt hätte, zu dem ihm der Gedanke durch seine eigene behagliche Häuslichkeit eingegeben wurde, er es niemals gewagt haben würde, seine reizenden späteren Saloninterieurs, sowie den Milton, zu beginnen. —

Auf seinem Selbstporträt im „Atelier" hat Munkacsy eine düstere Miene; es mag bemerkt werden, daß sie der Wirklichkeit vollkommen entsprach. Namentlich wenn er in Gedanken war, zogen sich seine Brauen zusammen, das Auge schweifte in die Ferne, und das ganze Gesicht nahm, ohne irgendwie träumerisch oder sentimental zu werden — dafür blieb der Blick zu lebhaft —, einen düsteren Ausdruck an. Im Gespräche und vor allem, wenn er lachte, was ihm recht von Herzen kam, glätteten die Züge sich für seine Darstellung gewählt: statt verräucherter Stuben und düsterer Straßen mußte er das behagliche, elegante Innere seines eigenen Hauses malen; jetzt griff er auch zu Genrebildern in die feine Welt, in der er sich heimisch fühlte.

Drei seiner besten und bekanntesten Salonbilder: „Besuch bei der Wöchnerin"

Abb. 56. Verirrt.

plötzlich; jede Stimmung spiegelte sich sofort in ihnen wieder. —

Eine äußerst fruchtbare Zeit künstlerischen Schaffens war für Munkacsy angebrochen. Schon während des in Colpach verlebten Sommers 1877 beschäftigten ihn verschiedene Stoffe, die neben- und nacheinander, teilweise erst nach der Rückkehr in sein Pariser Atelier, vollendet wurden. Im „Atelier" hatte der Künstler, wie wir gesehen haben, eine ganz andere Scenerie (Abb. 57), „Zwei Familien" (Abb. 58 und 59) und „Vaters Namensfest" (Abb. 61), die alle drei dieser Zeit angehören, sind hier im Zusammenhange zu betrachten. Sie zeigen den Maler auf dem erst neu betretenen Gebiete sofort in voller Beherrschung des Stoffes. In feinster Weise versteht er es, nicht nur die Scenerie zu treffen, auch die Charakterisierung der dargestellten Personen gelingt ihm meisterhaft, wozu nicht wenig die veränderte Malweise beiträgt. Niemand hätte Munkacsy nach seinen früheren Werken für befähigt gehalten, so licht und lebensfroh zu malen.

Es sind Genrebilder die keines erklärenden Wortes bedürfen; die einfache, anspruchslose und doch so fein dem Leben abgelauschte Handlung ist in einheitlicher Stimmung wiedergegeben. Dem Künstler selber muß wohl das Sujet der „Zwei Familien" am besten gefallen haben, da er diesen Vorwurf noch ein zweites Mal unter Verlegung des Schauplatzes in die Küche einer Arbeiterfrau (Abb. 60) zum Gegenstande seiner Darstellung machte. Man wäre im Zweifel, welchem der drei Gemälde man den Vor-

Abb. 57. Besuch bei der Bäckerin. (Mit Genehmigung des Verlegers Ch. Sedelmeyer in Paris.)

zug zu geben habe; an seiner Charakteristik des „Milieus" und warm empfundener Innerlichkeit steht wohl keines dem anderen nach.

Es ist übrigens eine eigentümliche Thatsache, daß Munkacsy mit dem e r st e n Bilde einer neuen von ihm eingeschlagenen Richtung stets den größten Erfolg beim Publikum erzielte, während das Interesse an den folgenden Werken gleicher Art stetig ab-

Abb. 58. Die zwei Familien. (Mit Genehmigung des Verlegers Ch. Sedelmeyer in Paris.)

nahm — und meistens verdientermaßen! Das erste Werk ist bei ihm fast immer auch das beste; wir können die Beobachtung schon bei den allerältesten Bildern machen: die ungarische Bauernidylle „Ostern" übertrifft wohl an innerem Gehalte wie frischer, ungezwungener Komposition alle übrigen von Munkacsy vor seinem Düsseldorfer Aufenthalte gemalten Scenen; der Schusterbub' („Um's Morgenrot") bezeichnet seinerseits den Höhepunkt des Düsseldorfer Schaffens unter Knaus' Einfluß, ebenso wie der „Verurteilte" sicherlich als bestes Werk der Munkacsyschen Darstellungen aus dem gewöhnlichen Volke betrachtet werden kann.

Bei den von uns erwähnten Salonbildern ist es gerade so: auch hier sind zweifellos die ersten die besten gewesen, vielleicht hält schon das dritte: „Vaters Namensfest" nicht mehr ganz den Vergleich mit der „Wöchnerin" und den „Zwei Familien" aus, es ist dafür zu arm an Handlung; noch mehr werden wir diese Beobachtung bei den Salonbildern der Folgezeit machen können: die „Zuckerdiebin" (Abb. 62) z. B., ein Werk der späteren Jahre, zeigt bei gleich virtuosenhaft gehandhabter Technik einen Anflug von Kälte, der den früheren Gemälden fehlt.

Munkacsy schien diesen Fehler, der bei der Ausbeute eines neuen Stoffgebietes bei ihm zu Tage trat, selbst ganz gut zu erkennen, denn wie bisher wechselte er auch später noch öfters Milieu, Grundstimmung und Inhalt seiner Bilder und kehrte nur in seltenen Fällen zu dem einmal verlassenen Gebiete zurück. Als Beispiel einer solchen von Munkacsy in dieser Zeit, vielleicht nicht mit vollem Erfolge, versuchten Rückkehr zu der Welt seiner früheren Darstellungen seien „die (ungarischen) Rekruten" (Abb. 63) genannt; das Werk läßt uns ziemlich kalt, wenn es auch in der Ausführung auf der Höhe der gleichzeitig gemalten Salonbilder steht.

Sein „Atelier", hatte, wie wir aus Munkacsys eigenen Äußerungen erfahren haben, ihm erst die direkte Anregung und den Mut gegeben, sich mit Bildern aus

Abb. 59. Bleistiftskizze zu den „Zwei Familien".

Abb. 60. Zwei Familien (in der Küche).

der feinen Welt zu versuchen; der eingeschlagene Weg sollte ihn jetzt noch weiter aus der bisherigen Richtung seines künstlerischen Schaffens herausleiten. Schon während des Sommers 1877 beschäftigte den Meister der Gedanke und die Vorarbeiten zu einem großen geschichtlichen Genrebilde: „Milton diktiert seinen Töchtern das verlorene Paradies" (Abb. 64); das Werk schritt in Paris schnell seiner Vollendung entgegen und konnte auf der Weltausstellung 1878 dem Publikum vorgeführt werden.

Der Erfolg war außerordentlich! Nun

konnte man in Wahrheit sagen, daß Munkacsy ans Tageslicht gekommen war; er hatte bewiesen, daß seine Schwarzmalerei in den älteren Werken nicht aus dem Unhauses", hatte gezeigt, daß er heitere Genrescenen malen konnte und seine Stoffe ebenso gut dem feinsten Pariser Salon, wie der ungarischen Pußtaschenke entnehmen durfte;

Abb. 61. Vaters Namensfest. (Mit Genehmigung des Verlegers Ch. Sedelmeyer in Paris.)

vermögen, heller zu malen, aus Angst, im Lichte Fehler zu zeigen, die die Dunkelheit verbergen mochte, hervorging. Munkacsy, der Maler des „Verurteilten" und des „Leihim „Milton" aber — und das war noch ein Schritt weiter, ein Schritt, den auch seine besten Freunde ihm nicht zugetraut hätten — im „Milton" hatte er es gewagt, sich in den Geist einer älteren Zeit zu versetzen.

Als Dichter hat Munkacsy selber seinen Stoff behandelt; wie er den blinden großen Mann im Geiste erschaute, so hat er ihn für sein unsterbliches Werk, das „Verlorene Paradies", vom Buchhändler Thompson ganze zehn Pfund Sterling mit der Bedingung erhielt, daß die zweite Hälfte der Summe nur im Falle einer zweiten

Abb. 62. Die Butterdiebin. (Mit Genehmigung des Verlegers Ch. Sedelmeyer in Paris.)

dargestellt und damit — das braucht wohl kaum betont zu werden — von seinem Künstlervorrecht Gebrauch gemacht. Wie wäre unser Mitleid gerührt worden, wenn er uns die traurige Geschichte des armen Dichters erzählt hätte, des Dichters, der Auflage des Gedichtes gezahlt zu werden brauchte! Welche Anklage gegen die Menschheit wäre ein wahrheitsgemäßes Bild der ärmlichen Stube Miltons gewesen! Das aber gerade wollte Munkacsy nicht. Er sah nur den Dichter, die Gewalt der

Abb. 63. Die Rekruten. (Mit Genehmigung des Verlegers Ch. Sedelmeyer in Paris.)

Abb. 64. Milton diktiert seinen Töchtern das „verlorene Paradies". (Mit Genehmigung des Verlegers Ch. Sedelmeyer in Paris.)

Poesie wollte er darstellen, und das ist ihm gelungen. In dem eleganten, aber behaglichen Zimmer sitzt Milton, in den Sessel zurückgesunken, die blinden Augen halb geschlossen, die rechte Hand auf die Brust gelegt — nichts zeugt von puritanischer Einfachheit als das schlichte schwarze Gewand mit weißem Kragen, aus dem der prächtige Kopf sich heraushebt. Feierliche Stille ruht auf der Scene. Des Dichters Mund, dessen begeisterte Worte die älteste der drei Töchter nachschreibt, halb noch geöffnet, scheint einen Augenblick verstummt — aber nicht, weil das Wort fehlt, das er sucht, die überströmende Begeisterung muß er hemmen — atemlos schauen die Mädchen zu ihm hin, ergriffen von der Gewalt der Poesie. —

Das Bild hatte einen unbestrittenen, mächtigen Erfolg beim Publikum und bei der Kritik; nicht nur äußere Auszeichnung — Munkacsy erhielt die große goldene Ehrenmedaille und vom österreichischen Kaiser den Adelsbrief — trug es dem Künstler ein, es hob ihn auch in die Reihen der ersten lebenden Meister, die er auch mit den folgenden Werken nicht mehr verlassen sollte. In feiner und geistreicher Weise telegraphierte Graf Beust, der österreichisch-ungarische Botschafter in Paris, dem Maler: „Der Kaiser hat den Adel geehrt, als er — Sie adelte." —

Was dem „Milton" die allgemeine Bewunderung eintrug, war vor allem die Übereinstimmung zwischen Stoff und Darstellung, zwischen Handlung und Stimmung des Bildes; von graugrünem und olivenbraunem Hintergrunde, in dem der geschliffene Spiegel und eine blaue Fayencevase angenehme Ruhepunkte für das Auge bilden, hebt das verschieden abgetönte Grau an den Kleidern der Töchter, das Rot des Teppichs und das tiefe sammetartige Schwarz an dem Gewande des Dichters sich herrlich ab; ein warmes, durch Butzenscheiben gedämpftes Licht erhöht die poetische Stimmung, die der Maler hervorzuzaubern wußte, ohne den Boden der Wirklichkeit zu verlassen.

Wir folgen ihm gern in seine Welt; sie scheint kein Phantasiegebilde, sondern ein wirkliches Paradies, das freilich den meisten Menschen in ihrem Hasten und Jagen nach Glück und Gold verloren ging, und zu dem nur noch der Künstler die verborgene Pforte kennt.

X.

Man hatte den ernsten Ausdruck Miltons, des Dichters selber, der nach einer französischen Kritik „eher einem Gelehrten ähnlich sehe" (!), getadelt, wie man früher schon Munkacsys düstere Miene auf seinem Selbstporträt im „Atelier" rügen zu müssen glaubte. Beides mit Unrecht, wenn man sich in Munkacsys Kunstanschauung versetzt. Für ihn, dessen Sinnen und Trachten nur seiner Kunst gewidmet war, konnte es keinen andern Sänger des „Verlorenen Paradieses" geben, als wie er ihn darstellte, keinen „Dichter" nach landläufiger Vorstellung, der in heiterer Götterlaune „die Poesie kommandiert"; sein Milton war, wie er selbst: er mußte von der Würde der Kunst tief durchdrungen sein. Der Künstler hat sein Leben ihr zu weihen, will er wirklich Großes schaffen! Und doch war Munkacsy weit entfernt, Verstandesarbeit an Stelle des Wirkens der Phantasie zu setzen. Wohl soll das Lessingsche Pumpwerk bei jeder künstlerischen Schaffung in Thätigkeit treten; mühsame Arbeit kostet es, aufreibende, verzehrende Arbeit, bis der Künstler wirklich sein Bestes gegeben hat — Maler wie Dichter! Tief aber, aus dem Inneren herauf muß die Poesie quillen, wenn sie die Welt bezaubern soll! Den bekannten Schillerschen Ausspruch: „Ernst ist das Leben, heiter ist die Kunst" wollte daher Munkacsy, als im Gespräche einmal die Rede darauf kam, auch nicht gelten lassen, er behauptete im Gegenteil, das Leben möge heiter sein, die Kunst aber sei ernst.

Ihm selber sollte leider der heitere Genuß einer ungetrübten Lebensfreude nicht beschieden sein; wohl sah er sich gefeiert, wie es vielleicht wenigen Genies im Leben zu teil wird, doch zugleich mit dem Ruhm stellte sich ein unheimlicher Gast bei ihm ein, die Krankheit. Schon vor den achtziger Jahren meldete sie sich und sollte ihn nicht mehr verlassen. Das Schrecklichste aber war, daß Munkacsy selber ahnte, welchem Schicksal er entgegenging, trotzdem die Ärzte, die sein schmerzvolles Leiden zuerst für Muskelrheumatismus hielten und ihn fälschlicherweise nach Karlsbad schickten, ihn zu beruhigen suchten. In seiner Arbeitskraft ließ der willensstarke Künstler allerdings nicht nach, wohl aber sollten schon bald die Spuren des Leidens seiner Umgebung sichtbar werden: sein Haar ergraute wie der Bart, und ohne die aufrechte Haltung, den lebhaften Blick und seine unermüdliche Arbeitslust hätte man ihn für einen Greis halten können. Vor Zeugen wußte er die melancholischen Gedanken, zu denen die Aussicht in eine düstere Zukunft ihn anregten, zu bannen; die alte Lustigkeit stellte sich allerdings immer seltener ein. Gegen Witterungseinflüsse wurde Munkacsy immer empfindlicher, er hatte infolgedessen eine wahre Furcht vor Reisen. Schon der Gedanke an eine notwendige Ortsveränderung, in den letzten Jahren sogar an den Besuch einer Gesellschaft, verstimmte ihn und regte ihn auf. Trotzdem liebte er die „Welt" — wenn man ihn selbst nur nicht zu viel in Anspruch nahm. Der ganze Trubel einer eleganten Soiree, eine interessante und geistreiche Unterhaltung regte ihn an und war sogar notwendig, um ihn nach der anstrengenden Tagesarbeit auf andere Gedanken zu bringen, und wenn es auch schwer war, Munkacsy selbst zu reger Teilnahme an der allgemeinen Unterhaltung zu bewegen, so zeigte er sich doch, falls eine Frage ihn besonders interessierte, als geistreichen und humorvollen Plauderer. Die Musik, namentlich die melodiöse — deutsche wie französische und ungarische — liebte er außerordentlich und konnte stundenlang dem Spiel guter Künstler — zu denen auch seine Gattin zu rechnen ist — zuhören. Er selber war außerordentlich musikalisch, spielte jedoch, wie es sich bei seiner Vergangenheit eigentlich von selbst versteht, kein Instrument. Die Musik war und blieb stets seine liebste Erholung nach der Arbeit; durch sie wurde seine Phantasie angeregt, und wenn er mit leisem Pfeifen, das er in wahrhaft künstlerischer Weise verstand, die Melodieen begleitete, konnte man sicher sein, daß seine melancholische Stimmung ihn, wenigstens für den Augenblick verlassen hatte.

Munkacsys Lebensweise blieb trotz der veränderten Glücksumstände fast ganz die alte. Seit 1875 trank er allerdings zum Abendessen ein Gläschen Wein, ohne ihm jedoch besonderen Geschmack abzugewinnen; geraucht hat er nur kurze Zeit, unterließ es aber bald, da es ihm kein Vergnügen bereitete. Man muß sich übrigens hüten, Munkacsy als einen gar zu naiven Wilden, „der Europas übertünchte Höf-

Abb. 65. Michael von Munkacsy.
Nach einer Photographie aus den 80er Jahren.

lichkeit nicht kannte", vorzustellen, wie Herr Boyer d'Agen ihn uns schildert; nach Erzählung Boyers sei dem Maler eines Abends eine Cigarre angeboten worden, die er aber abgelehnt habe, weil er nicht wußte, an welchem Ende sie angezündet wird (!).

Wie bisher wurde der Winter in Paris, die Sommermonate auf Schloß Colpach verbracht; bald kam noch die jährliche Herbstreise nach den Bädern von la Malou hinzu, die ihm merklich wohlthaten.

Tagsüber sah man ihn nicht; morgens, schon gegen acht Uhr, war er im Atelier, wo er bis zur beginnenden Dämmerung verblieb; eine kleine, oft bis auf einige Minuten abgekürzte Mittagspause zur Einnahme eines einfachen Imbisses vor seinen Staffeleien unterbrach allein die Arbeit, die keine Störung vertrug. Ein Spaziergang bei gutem, eine Ausfahrt bei schlechtem Wetter folgte; manchmal, wenn ihn ein Werk besonders beschäftigte, zog er sich nach dem Abendessen sofort wieder in sein Atelier zurück, um beim Lampenlicht zu skizzieren, sonst aber blieb er wohl bis Mitternacht oder noch später im Kreise der Gesellschaft, die er bei sich sah oder zu der er eingeladen wurde.

Wenn wir im folgenden verschiedentlich auf Munkacsys Kunstanschauungen zurückzukommen haben, so dürfte es doch schon hier am Platze sein, ein Bild von der Persönlichkeit und dem Auftreten des Malers zu geben.

Wer den charakteristischen Kopf Munkacsys (Abb. 65) einmal gesehen hatte, vergaß ihn nie, trotzdem er eher in der Gesamtheit als in den einzelnen Zügen interessant war. Eine große, kräftig entwickelte muskulöse Gestalt, krauses, schon in den achtziger Jahren fast ganz weiß gewordenes Haar, ein halblanger, graumelierter Bart, schöne Zähne, große, aber schöne Hände und ein stets beweglicher, durchdringender, beobachtender und doch offener Blick unter buschigen zusammengezogenen Brauen — so steht sein Bild vor uns.

Seine Redeweise war kurz und prägnant, dabei etwas stockend, da der Satzbau der fremden Sprache — er bediente sich naturgemäß fast ausschließlich des Französischen — ihm stets Schwierigkeiten machte. Im Deutschen hatte er seit der Düsseldorfer Zeit recht viel verlernt; er beherrschte die Sprache zwar genügend, um sich ihrer zur Unterhaltung bedienen zu können, war aber wohl kaum mehr imstande, einen deutschen Schriftsteller mit vollem Verständnis zu lesen, was er später öfters z. B. bei seinen Vorstudien zu „Árpád" bedauerte. Andere Sprachen als Ungarisch, Deutsch und Französisch kannte er nicht, so daß es Unsinn ist, wenn ein Berichterstatter des Budapester Tageblattes, der Munkacsy auf seiner ungarischen Reise 1882 interviewte, behauptet, daß die Konversation „abwechselnd(!) in ungarischer, deutscher,

Abb. 66. Federskizze Munkacsys zu einem ungarischen Bauernbilde.

Abb. 67. Innenansicht eines Raumes in Munkacsys Pariser Hotel (Avenue de Villiers).
Nach einer Photographie.

französischer und englischer (!!!) Sprache geführt wurde". Der Herr wollte wohl nur mit seinen eigenen unbeglaubigten Sprachkenntnissen renommieren!

Trotz seiner Vergangenheit, die ihm den Genuß einer guten, regelrechten Erziehung versagt hatte, wußte sich Munkacsy leicht in die neuen Verhältnisse hineinzuleben. Gleich weit hielt er sich von den beiden einem Selfmademan so gefährlichen Klippen zurück: weder protzte er mit seinen Erfolgen, noch mit seiner Vergangenheit, weder suchte er den ungeschliffenen Bauer, noch den geborenen Grandseigneur zu spielen. Einfach und sicher war sein Auftreten; er war und blieb sein Leben lang Künstler durch und durch, sogar eine Spur von Aberglauben, die er keineswegs verleugnete, zeigt, daß er dem Verstande nicht alle Rechte über die Phantasie einräumte. Namentlich war ihm der Freitag unsympathisch, ein neues Werk begann er nie an diesem Tage und begab sich auch ungern auf die Reise. Trotzdem behandelte er die Frage mehr humoristisch als überzeugt, und köstlich ist unter anderen einer seiner Briefe, in denen er sarkastisch sein Freitagsunglück bei einer Eisenbahnfahrt schildert: eine bekannte Judenfamilie der Pariser Gesellschaft hatte ihn in aufdringlichster Weise gezwungen, in ihr Abteil einzusteigen — den überreizten, nervösen Maler, der ein Seebad zur Erholung aufsuchen wollte, zu der lärmenden Gesellschaft — Kinder und Ammen eingeschlossen! — Der Aberglaube ist übrigens gerade bei Künstlern weiter verbreitet, als man denkt; glaubte doch z. B., wie ich aus guter Quelle versichern kann, Meissonier Nachts Erscheinungen des ersten Napoleon zu haben und durch den Kaiser selbst die Andeutungen zu seinen großen Werken zu erhalten.

Munkacsy war in seinem Benehmen dem Durchschnittseuropäer ähnlicher als dem Bilde, das sich das Volk von der Persönlichkeit eines „Künstlers" macht, und das ja bei manchen auch mehr oder weniger „echt" zutrifft. Munkácsy unterschied sich allerdings von einigen seiner Kollegen durch das gänzliche Fehlen jeder gesuchten Originalität, durch das Fehlen der genial sein sollenden Gewohnheiten, die in Äußerlichkeiten gar zu oft das zu ersetzen suchen, was dem Künstler an Innerlichem abgeht. Kein geheimnisvoller Zauber umgab seine Arbeitsstätte; wenn er abends das Atelier verließ, standen die Thüren jedem neugierigen Freunde offen, und nichts war ihm dann lieber als ein freies Wort der Kritik.

Munkácsy verleugnete niemals seine Vergangenheit; so sah man ihn einstmals, als in Colpach ein fertiges Bild weggeschickt werden sollte und kein Schreiner zur Stelle war, ohne ein Wort zu verlieren, selber zur Säge und zum Hammer greifen und die Kiste zusammenzimmern, wobei er bewies, daß er seine Lehrzeit bei Meister Langi nicht ohne Nutzen durchgemacht und den Gesellenbrief zu Recht erhalten hatte.

— Es mag vielleicht noch erwähnt werden, daß Munkácsy eine besondere Vorliebe für Katzen hatte; eigentümlicherweise teilte er diesen Geschmack mit vielen französischen Künstlern: Baudelaire, Théophil Gautier, François Coppée u. a.

An humoristischen Zügen fehlte es in seinem Leben nicht, wozu namentlich seine Zerstreutheit, die einem Professor der „Fliegenden Blätter" Ehre gemacht hätte, Veranlassung gab. Immer wieder, namentlich wenn er allein war, kehrten seine Gedanken zu den Bildern, die ihn gerade beschäftigten, zurück, so daß er seine Umgebung zuweilen völlig vergaß. Daß Regenschirme eigentlich nur zum Stehengelassenwerden vorhanden sind, war für ihn eine immer und immer wieder auf ihre Richtigkeit erprobte Thatsache; wunderbar aber sind die Erlebnisse, denen er auf Reisen ausgesetzt war: man war ja daran gewöhnt, schon wenige Stunden nach seiner Abfahrt das stereotype Telegramm zu erhalten: „Manqué la train. Furieux. Miska" (Die Zug verfehlt. Wütend. Miska), wobei auch die Feminisierung von train stereotyp war; zuweilen aber begnügte sich der zerstreute Künstler nicht mit einfacher Zugversäumnis; seine Geistesabwesenheit verursachte die schwierigsten Verwicklungen, so daß er eines Tages telegraphieren konnte: „Perdu bagages et Michel" (Gepäck und Michel verloren); sein Gepäck war nach der Schweiz, er selbst nach Marseille und nur sein Diener Michel nach dem Bestimmungsorte la Malou gefahren. Allerdings kam schon am folgenden Morgen die beruhigende Depesche: „Retrouvé le tout!" Er hatte alles wiedergefunden.

Abb. 68. Bleistiftskizze Munkácsys aus späterer Zeit.

Zu komischen Scenen gab auch Munkácsys schlechtes Gedächtnis Anlaß; wenn er auch ziemlich häufig Gesellschaften besuchte, durfte er doch ruhig sagen: je ne sais jamais où l'on me dépose (ich weiß nie, wo man mich abläbt), da er, wenn es sich nicht um nähere Bekannte handelte, meistens die Namen der Gastgeber schon vergessen hatte, noch ehe er ihr Haus betrat; so wußte er z. B. eines Abends nur, daß er zu einem Diner in der Avenue Hoche eingeladen war, konnte sich aber weder auf den Namen, noch auf die Hausnummer besinnen; kurz entschlossen fragte er geduldig bei jedem Portier der betreffenden Straße: „Ist hier vielleicht ein Diner?" und fand auf diesem sicher ungewöhnlichen Wege die Familie.

Im Salon traf er eines Tages einen Bekannten; Munkacsy hatte eine dunkle Ahnung, daß dem Herrn irgend etwas passiert war, und verfehlte denn auch nicht, ihm kräftig die Hand zu drücken und seinen allerherzlichsten Glückwunsch auszusprechen; das verblüffte Gesicht des Herrn kann man jedoch die Aufmerksamkeit des Publikums besonders zu fesseln. Wir haben schon früher darauf hingewiesen, daß Munkacsy selber einen Unterschied zwischen zwei Arten von Bildern machte: die einen, bei denen er mit jeder Faser seines Herzens beteiligt war, bei denen er das Höchste zu leisten suchte, was in seinen Kräften stand — die anderen, die gleichsam nur ein Festhalten,

Abb. 69. Innenansicht eines Raumes in Munkacsys Pariser Hotel (Avenue de Villiers). Nach einer Photographie.

sich vorstellen: seine Mutter war kurz vorher gestorben! — — —

1878 war der „Milton" im Pariser Salon mit so großem Erfolge ausgestellt worden; mehrere Jahre sollten vergehen, bis Munkacsy wieder mit einem Aufsehen erregenden Bilde an die Öffentlichkeit trat; es ist das freilich nicht so zu verstehen, als hätte die Thätigkeit des Malers nach dem so überaus fruchtbaren Jahre 1877 völlig geruht. Munkacsy war auch während dieser Zwischenzeit nicht müßig; viele kleinere Bilder, meist Genrescenen entstanden, ohne eine Wiedergabe der wechselnden künstlerischen Eindrücke, Gedanken und Stimmungen des Malers bezweckten. Munkacsy konnte auch während der zuweilen außerordentlich umfangreichen Vorstudien zu einem großen Werke das Malen nicht lassen und gab nun als echter Künstler auch den so entstehenden anspruchsloseren Bildern, den einfachen Genrescenen dieselbe technische Vollendung, die wir bei seinen berühmten Gemälden finden. —

In Colpach namentlich beschäftigte sich Munkacsy mit einfacheren Stoffen, kleinen

Stimmungsbildern, Blumenstücken (Abb. 77) und Landschaften. Auf seine letzteren ist eigentlich viel zu wenig hingewiesen worden; das Publikum und auch die Kritik hatten freilich auch seltener Gelegenheit, den Meister der mächtig ergreifenden Werke, die in dem Frühjahrssalon von einer dichten Menge umlagert wurden, als schlichten Landschafter kennen zu lernen. Und doch, wie gut hat er die Natur verstanden, wie vorzüglich sie wiederzugeben gewußt! Schloß Colpach mit dem prächtigen alten Park hatte den Künstler immer angezogen, vom ersten Mal an, als er müde und abgearbeitet Erholung bei seinem Freunde de Marches fand, bis in die allerletzte Zeit seines Schaffens, wo er noch jedes Jahr ein paar Monate in stiller Zurückgezogenheit auf der Luxemburger Besitzung zubrachte. Schon damals sahen wir auf den Wandbildern des Colpacher Rauchzimmers Partien des Parks und der näheren Umgebung durch Munkacsy dargestellt — noch oft sollten hier ähnliche Werke entstehen; wir heben aus einer langen Reihe zunächst eine **Parkscene mit drei Damen** (Abb. 70) heraus, die vielleicht noch vor Fertigstellung des „Milton" beendigt wurde, auf jeden Fall aber dieser Zeit angehört. Es wird nicht die letzte Colpacher Landschaft sein, die wir zu betrachten haben werden.

Während nun nach dem großen Erfolge seines „Milton" Munkacsys Name in der Kunstwelt genannt und geachtet war, reifte langsam in der Stille dasjenige Werk, das den Ruhm des Malers über die ganze Erde verbreiten sollte, sein Riesenbild: „Christus vor Pilatus". Mit peinlichster Genauigkeit hatte Munkacsy seine Studien — sowohl wissenschaftliche, wie künstlerische — gemacht. 1880 begann er endlich die Ausführung, aber erst im folgenden Jahre sollte das Werk vollendet vor die Öffentlichkeit treten.

Man könnte sagen, daß der Stoff diesmal noch glücklicher als beim „Verurteilten" und bei „Milton" gewählt war; eine Scene hatte der Künstler zur Darstellung ausgesucht, die jedem seit frühester Kindheit vertraut ist, und die doch — abgesehen von einigen unbedeutenden, unbekannten Bildern — noch keinem Maler zum Vorwurf eines Gemäldes gedient hatte.

Munkacsy faßte sie in so eigenartiger und doch allgemein verständlicher Weise auf, daß sie durch sein Werk gleichsam für immer fest gelegt wurde. Er schuf einen Christus vor Pilatus, der uns stets vor das geistige Auge treten muß, wenn wir an diese biblische Episode denken, so gut wir bei der Vorstellung des Abendmahles stets das Gemälde von Leonardo da Vinci im Geiste erschauen.

Der Erfolg war geradezu wunderbar. Das Bild (Abb. 71), das zuerst in Paris in der Galerie des Herrn Sedelmeyer ausgestellt wurde, fand überall auf seiner europäischen Rundreise begeisterte Bewunderer und wurde endlich nach Amerika an den Millionär Wanamaker für einen fabelhaften Preis verkauft.

Die erste Nachricht, daß Munkacsy, der Maler des „Verurteilten", ungarischer Bauernstuben, moderner Salonbilder und des „Milton", an einem religiösen Bilde arbeite, kam seinen Freunden trotz der früheren überraschenden Wandlungen des Meisters geradezu verblüffend. War doch Munkacsy selbst im „Milton" nicht aus der wirklichen Welt herausgetreten, er hatte sie nur der poetischen Stimmung des Stoffes angepaßt. Wie aber sollte man sich einen Christus, eine heilige, biblische Scene von Munkacsys Hand vorstellen?

Das fertige Gemälde überraschte vielleicht noch mehr, denn Munkacsy hatte trotz der biblischen Handlung nicht den Rahmen seiner bisherigen Kunst verlassen. Ja, das war ein Christus, ein Christus, den man versteht, den man gleichsam leben sieht, mit dem man mitfühlt und mitleidet — und doch wieder ein anderer Christus, als man ihn erwartete! Kein Gott mit Heiligenschein, der mit seinem Vater im Himmel Zwiesprache hält, und zu dem die Engel aus den Wolken niedersteigen; es ist vielmehr menschliche Hoheit, die aus diesen reinen Zügen spricht (Abb. 118). Nie wird man dieses herrliche Gesicht mit dem klaren Blick vergessen, wenn man es einmal gesehen hat!

Es ist ein Stück Weltgeschichte, das sich vor unseren Augen abspielt, und so vollendet hat Munkacsy die Stimmung über das Gemälde zu zaubern gewußt, daß wir wirklich alle Kritik vergessen. Bei den Ausstellungen konnte man den großen Eindruck so recht beobachten: atemlos standen

Abb. 70. Drei Damen im Park. (Mit Genehmigung des Verlegers Ch. Sedelmeyer in Paris.)

die Leute vor dem Bilde, niemand wagte ein lautes Wort, und nur im Flüstertone wurden leise Bemerkungen über die Schönheit des Werkes ausgetauscht.

Munkacsy war, es möge hier ein für allemal betont sein, ein gläubiger Christ; für ihn gab es keinen Jesus nach Renan oder Strauß, er glaubte fest an den zur Erde gestiegenen Gottessohn, der die Welt vom Übel erlösen sollte; so stark aber war bei ihm die Gewalt seiner künstlerischen Auffassung, daß er auch bei einem Gemälde, welches seinen Heiland darstellte, sich nicht von ihr loslösen konnte. Als Künstler sah er einen weltgeschichtlichen Moment in der Scene, und nur als solchen stellte er sie bar. „Ich wußte wohl," sagte er, „und ich glaube es fest, daß Christus Gottes Sohn ist — aber ich kann keinen Gott malen. So habe ich mir denn den besten Menschen gedacht, und den habe ich dargestellt."

Vielleicht grade dadurch brachte der Künstler uns seinen Christus, der mit Heiligenschein und in überirdischer Verklärung uns stets, auch auf den berühmtesten alten Gemälden unverstanden bleibt, weil er nicht in unserer Welt lebt, menschlich näher.

So war denn auch der Eindruck, den das Bild in religiösen Kreisen machte, sehr groß, wenn es freilich wohl eine Fabel ist, daß in Pest eine ganze jüdische Familie durch den „Christus vor Pilatus" so ergriffen wurde, daß sie zur katholischen Kirche übertrat! —

Wie schwierig Munkacsy die Ausführung der Christusfigur geworden ist, erfahren wir schon in der Erzählung von Boyer d'Agen in der Einleitung zu den „Erinnerungen".

Bei der Ausstellung des Bildes in Pest 1882 befanden sich unter den zahlreichen mitausgestellten Skizzen zu dem Gemälde auch vier Hauptstudien zu Christus selbst, die uns zeigten, wie schwierig es für den Künstler wurde, seine Vorstellung des Heilandes im Bilde wiederzugeben. Ein Kritiker hat diese vier Skizzen in eigenartiger Weise gekennzeichnet; in wie weit diese Charakteristik zutrifft, wage ich allerdings nicht zu entscheiden, da ich dieselben nicht gesehen habe:

1. Das Menschliche überwiegt. Gesichtsausdruck düster und erhaben. Dunkelroter Mantel (statt des weißen auf dem Gemälde), der den düsteren Ausdruck noch schärfer hervortreten läßt. Halb schmerzlicher, halb trotziger Blick unter den zusammengezogenen Brauen.

2. Das Menschliche ist ganz verschwunden. Blaues Kleid. Himmlisch reine Züge, verklärte heitere Augen, die Sünden vergebend.

3. Der durch sein Genie Gott gewordene Mensch, in dessen Blick Erhabenheit und das Bewußtsein spiegelt, daß die Liebe obsiegen wird.

4. Derselbe wie in 3, nur mit weißem Gewande.

Auf einer ausgeführten Studie zum Christus vor Pilatus in etwas verkleinertem Maßstabe, die sich jetzt im Besitz von Herrn vom Rath in Berlin befindet, hat Christus einen weit trotzigeren und selbstbewußteren Ausdruck als auf dem Originalgemälde.

Die Komposition des Bildes ist trotz der kleinen Aussetzungen, die man an dem Gemälde machen kann, vorzüglich und einheitlich gelungen. Alle Aufmerksamkeit ist auf die weiße Christusgestalt gelenkt, nicht nur, weil sie sich aus der Mitte der Scene so deutlich hervorhebt, sondern weil wir dem Gesichtsausdruck und den Bewegungen aller Anwesenden deutlich ansehen können, auf wen sich alles Interesse vereinigt.

Daß Munkacsy auch bei diesem Werke sich nicht bemüht hat, uns durch geschichtlich beglaubigte archäologische Kleinigkeiten, sondern durch die Handlung als solche den Eindruck der Wahrscheinlichkeit hervorzurufen, braucht wohl kaum betont zu werden. Der Maler hat sogar reichlich von der poetica libertas Gebrauch gemacht, und es zeigt höchstens von einer philiströsen Kunstanschauung, wenn Kritiker ihm die Verwendung unbeglaubigter Phantasiekleidungen aufmutzen wollen. Ebenso unfruchtbar für uns ist die Untersuchung der Frage, welchen Moment der Gerichtssitzung Munkacsy hat darstellen wollen; die einen sagen, es sei der Augenblick, als Pilatus den Heiland frug: „Bist du Christus, der Sohn Gottes?" und dieser antwortete: „Du sagst es!" andere haben eine andere Ansicht darüber. Ob der Künstler selber wohl genau hätte angeben können, was er gemeint hat? Ihm erschien die Scene als solche darstellungswert, die angeklagte Wahrheit und Liebe, angeklagt durch den Neid und alle die gemeinsten menschlichen Leidenschaften — und doch sind es keine Personifikationen, wir haben es keinesfalls mit einer Allegorie zu thun; die Personen leben vor uns, vor unseren Augen spielt die Scene sich ab, deren Ende wir aus den Mienen der Zuschauer (Abb. 4, 5, 12 und 14) und des zweifelnden Richters (Abb. 7 und 72) ahnen können; der Haß wird siegen und die verleumdete Tugend das Kreuz auf sich nehmen! —

Munkacsy war durch die Arbeiten an seinem Riesenwerke, dessen Figuren über Lebensgröße hatten, körperlich wie geistig

Abb. 71. Christus vor Pilatus (Mit

des Verlegers Th. Sedelmeyer in Paris.)

ermüdet. So suchte und fand er Erholung in einer Reise nach Ungarn, zu der seine begeisterten Landsleute ihn und seine Gattin eingeladen hatten. Es war — wenn man von dem kurzen Abstecher, den er auf seiner Hochzeitsreise gemacht hatte, absehen will, das erste Mal, daß er nach seiner Jugendzeit sein Vaterland wiedersehen sollte.

Grund genug hatten die Ungarn ja, stolz auf den Maler zu sein, mit dem eigentlich ihre nationale Kunst erst beginnt; Grund vor allem, da er aus eigener Kraft trotz fast unübersteiglich scheinender Hindernisse seinen Weg zu der glänzenden Höhe gefunden hatte, auf der er stand. —

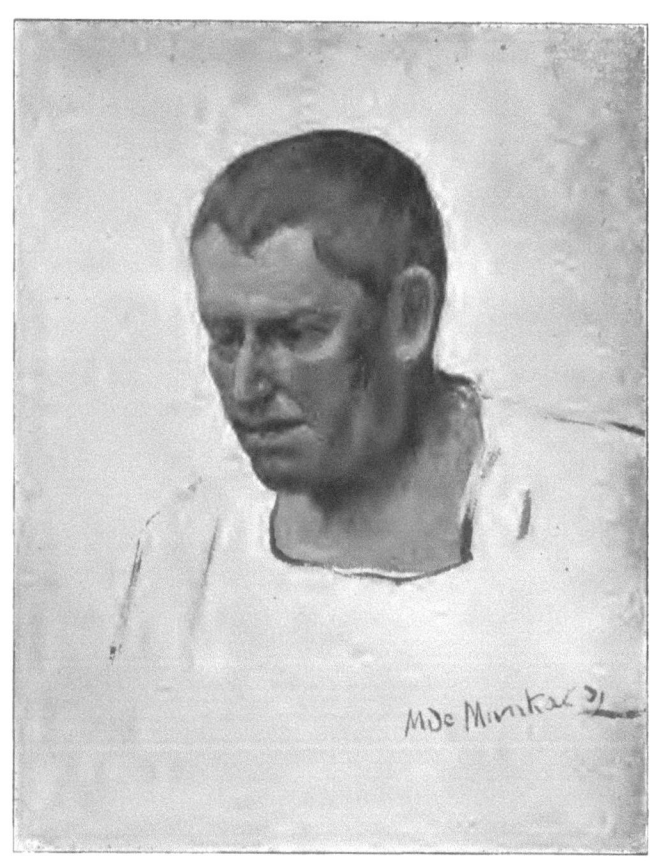

Abb. 72. Pilatus. Nach einer Farbenstudie aus dem Besitze von Frau C. von Munkacsy.

Große, unerwartete Ehren, jubelnde Kundgebungen warteten seiner. Wie ein Triumphator zog er in Pest und in seine Geburtsstadt Munkács ein. Das Volk sah in ihm einen nationalen Helden und gab seinem Empfinden in der stürmischen Weise Ausdruck, die in seinem Charakter liegt. (Frau von Munkacsy wurde dabei übrigens, trotzdem sie nie aus ihrer Luxemburger Abstammung ein Hehl gemacht hatte, als Französin gefeiert!)

Arm, unbeachtet und unbekannt, so war der Jüngling 1863 ausgezogen; als berühmter Künstler kehrte er nun ins Vaterland zurück. Munkacsy selber mochte an diesen Gegensatz denken: als er an der Grenze zum erstenmal wieder die heimatlichen Klänge einer Zigeunerkapelle hörte, da liefen die Thränen ihm über die gebräunten Wangen.

Der große, starke Mann weinte wie ein kleines Kind.

Abb. 73. Michael von Munkacsy.
Nach einer Photographie aus dem Anfange der 80er Jahre.

XI.

Über Munkacsy ist eigentlich, trotz der Menge Druckerschwärze die man seinetwegen verbraucht hat, nur wenig geschrieben worden, das auf bleibenden Wert Anspruch machen könnte. Die Kritiker faßten zu sehr das einzelne Werk für sich ins Auge, verglichen dieses mit den zufällig zu gleicher Zeit ausgestellten Werken anderer Maler und wurden der Eigenart Munkacsys nicht gerecht, da sie sich in seine Welt nicht hineinzudenken vermochten.

So entstanden allmählich Schlagworte, die ebenso unrichtig wie weit verbreitet sind. Falsch ist es schon, sich einen „echten Munkacsy" nur dunkel und schwermütig vorzustellen; falsch ist auch das Schema, nach dem man sein „Werk" meistens einteilt; es geht auf den Kunstkritiker des „Figaro" Albert Wolf zurück, dessen Plandereien eher dem in Heinescher Manier geistreich witzelnden und prickelnden Stile als einer gediegenen Kunstanschauung ihr Ansehen verdanken. Wie oberflächlich und phrasenhaft Wolf in seinen Urteilen war, möge eine Stelle seiner Kritik des „Milton" zeigen; er behauptet darin von Munkacsy: „Jetzt spricht er nicht mehr zu den Augen, sondern zum Herzen!" Wem die älteren Werke des Meisters, der „Verurteilte", die „Strolche", das „Leihhaus" nicht zum Herzen sprechen, der muß überhaupt kein Herz haben!

Wolf teilte nun Munkacsys Entwicklung in drei Zeitabschnitte ein, die durch ebenso viele Hauptwerke ihre Höhepunkte bezeichneten: die ältere Periode bis zum „Verurteilten", die zweite mit „Milton" und die dritte mit „Christus vor Pilatus" als Höhepunkten.

Daß diese drei Werke in der bisher betrachteten Entwicklung des Künstlers Höhepunkte bilden, wird niemand verneinen wollen, falsch aber ist es, das „Werk" Munkacsys nach diesen Bildern einzuteilen, die doch mehr dem glücklich gewählten Stoffe ihr Ansehen verdanken. Wollen wir eine äußerliche Einteilung von Munkacsys Werk vornehmen, so ist doch entschieden die ältere, vor-Düsseldorfer oder besser gesagt vor-Knaussche Zeit als erster Abschnitt zu bezeichnen, ihren Höhepunkt in rein technischer Beziehung bildet dann „die Braut", in der Komposition die „Ostergebräuche". Die zweite Periode zeigte uns mit dem „Schusterbuben" beginnend Munkacsy zunächst unter direktem Einflusse von Knaus, dann vom „Verurteilten" an in voller Selbständigkeit, aber in seinem Stoffkreise eng begrenzt. Eine dritte Zeit wäre endlich mit dem „Atelier" 1876 zu beginnen, während der „Milton" nur insofern ein Merkpunkt ist, als Munkacsy mit ihm zum erstenmal versucht, der fernen Vergangenheit seinen Stoff zu entnehmen. Im „Atelier" wagte er zum erstenmal aus seinem bisherigen beschränkten Horizonte, der Welt der Armut, herauszutreten. Damit erschloß sich ihm ein neues Feld künstlerischer Thätigkeit. Wie wir gesehen haben, wäre — auch nach Munkacsys eigenen Worten — ohne das „Atelier" kein Salonbild und auch kein „Milton" begonnen worden. Und „Christus vor Pilatus"? Unterscheidet sich diese Malerei wirklich in grundlegender Weise von den früheren, wenn man von dem einer noch älteren Zeit entnommenen Stoffe absieht?

Wir müssen aber eher in anderer Art Munkacsys Entwicklung zu verstehen trachten; zweierlei haben wir dabei ins Auge zu fassen: einerseits das Streben nach Klarheit und Licht, ein Streben, das sich vom „Verurteilten" an, ja noch früher schon, bei jedem neuen Werke verfolgen läßt und mit kleinen Schwankungen bis zur „Renaissanceapotheose" und zum „Arpad", auf die wir später zu sprechen kommen werden, zunimmt; anderseits aber, wenigstens für die großen Gemälde ein innerlicherer — Fortschritt wagen wir nicht zu sagen — eine Änderung in der Auffassung, in der Darstellung des Stoffes. Am besten wird uns diese Wandlung klar, wenn wir die früheren Bilder vom „Verurteilten" bis zum „Milton" mit den späteren „Golgatha", „Renaissanceapotheose", „Mozart" u. s. w. vergleichen; Spuren dieser Wandlung sind aber auch schon auf dem „Christus vor Pilatus" nachzuweisen, und insofern dürften wir auch dieses Werk als einen Merkpunkt in Munkacsys Kunstentwicklung betrachten. Von Stimmungen ging der Künstler aus, zu dramatischen Scenen gelangte er. Es war kaum eine Handlung zu nennen, was wir auf dem „Verurteilten", den „Strolchen", dem „Atelier" und dem „Milton" fanden; es war ein aus der Handlung herausgegriffener Moment, in dem alles ruht, alles in gespanntester Aufmerksamkeit die Gedanken auf einen gemeinsamen Mittelpunkt konzentriert hat; es war die Darstellung einer allgemeinen Ergriffenheit in den verschiedenen Abstufungen des Mitleides, der Neugierde (wie im „Verurteilten" und den „Strolchen"), des Mitfühlens (wie im „Milton" und dem „Atelier") u. s. w., es war eher Lyrik als Dramatik. Die neueren Bilder dagegen zeigen einen durchaus anderen Charakter. Schon im „Christus vor Pilatus" ist der Umschwung erkennbar. Wohl liegt eine ähnliche Stimmung wie auf den früheren Gemälden über der Scene, wir haben aber, wenigstens bei der Mehrzahl der dargestellten

Abb. 74. Bleistiftskizze (mit der Feder nachgezeichnet) zu dem Bilde: „Mädchen im Park Pfaue fütternd."

Personen, eine wirkliche Handlung höchster Dramatik vor uns. Der Ankläger, ein weißbärtiger Pharisäer, schleudert in höchster Erregung mit weit ausgestrecktem Arme seine Verleumdungen gegen den Heiland, Pilatus selbst merkt man den inneren Kampf an und den Zuschauern, die sich zum Teil aus wahrem Gesindel zusammensetzen, die Parteinahme gegen den Angeklagten; alles ist Leben, und nur Christus selber wie einige wenige der Umstehenden sind in jener Ruhe dargestellt, die wir bei früheren Werken des Meisters als Grundstimmung der ganzen Komposition kennen.

Abb. 75. Mädchen im Park Pfaue fütternd. (Mit Genehmigung des Verlegers Ch. Sedelmeyer in Paris.)

Munkacsys eigenes Urteil über seine Bilder ist bemerkenswert. Während er in den „Erinnerungen" von dem „Verurteilten" etwas despektierlich als einer „großen Maschine" spricht, deren Erfolg er „sicherlich nicht verdiente", hielt er „Milton",

„Mozart" und sein letztes „Ecce homo" für seine besten Werke. So sehnte er sich bei seiner später zu erwähnenden amerikanischen Reise außerordentlich danach, gerade den „Milton" wiederzusehen, und war ängstlich gespannt, ob das Bild jetzt, wenn er es gleichsam als Unparteiischer nach langen Jahren wiedersähe, dem Eindrucke, den er von ihm im Gedächtnis behalten hatte, entsprechen würde. Er hatte sich nicht ge- täuscht, ja „Milton" schien sogar inzwischen sich zu seinem Vorteil verändert zu haben: mit der Zeit waren die etwas eingetrock- neten Farben weicher, zarter geworden, und

Abb. 76. Christus am Kreuz und die heiligen Frauen. (Dresdener Galerie.)
(Mit Genehmigung des Verlegers Ch. Sedelmeyer in Paris.)

die Übergänge hatten sich ausgeglichen und verschmolzen.

Zu seinen Jugendzeichnungen bemerkte Munkácsy, es sei wunderbar, mit welcher Sicherheit und Richtigkeit sie ausgeführt wären, dagegen behauptete er, seine älteren Bilder seien so schlecht, daß er selber jedem jungen Manne, der ihm solches Zeug vorlegen wollte, raten würde, die Kunst an den Nagel zu hängen und alles andere, nur kein — Maler zu werden.

Die Kritik wird diese Urteile vielleicht nicht vollständig unterschreiben, darf sie aber auch nicht ganz unbeachtet lassen, da es für Beurteilung eines Kunstwerks nicht unwesentlich ist, wie sein Schöpfer sich zu ihm stellt.

Nachdem Munkácsy 1881 den Schmerz erleben mußte, das einzige Kind seiner Ehe, eine Tochter, kurz nach der Geburt wieder zu verlieren, unternahm er, wie schon oben gesagt, zur Erholung von den Anstrengungen der letzten Zeit die Reise nach Ungarn, die ihm im übrigen zwei wichtige Anregungen für die Zukunft geben sollte. Bei dem schon erwähnten Bankett in Pest am 21. Februar 1882 sagte der Unterrichtsminister Trefort, das Vaterland müsse etwas thun, um den Künstler im Lande zu halten, und Prälat Arnold Ipolyi rief ihm bei derselben Gelegenheit zu: „Dein warmer Patriotismus ist uns eine Bürgschaft, daß dein Herz sich auch zu uns zurücksehnt, daß du den Gedanken an deine Kunst mit dem Gedanken an den Ruhm deines Vaterlandes verbindest. Und das gibt uns Hoffnung, daß du auch mitten in deiner glorreichen Laufbahn zu uns zurückkehren wirst, um auszuruhen und zu wirken, um durch deine Kunst die Nation zu heben. Wenn einst die Welt deines Ruhmes voll ist, wirst du vielleicht auch bei uns die Glanzperiode der ungarischen Kunst begründen — vielleicht schenkst du uns dann endlich eine ungarische kunsthistorische Schule!"

Wenige Tage später bei dem Diner, das Tisza zu Ehren Munkácsys gab, konnte der Unterrichtsminister schon bestimmtere Vorschläge machen: eine Akademie der bildenden Künste sollte gegründet werden, um Munkácsy, der zu ihrem Direktor ausersehen war, Gelegenheit zu geben, die ungarische Malerei in die „richtigen Bahnen" zu lenken.

Der Künstler nahm den Gedanken mit Begeisterung auf und war bereit, später nach Ungarn überzusiedeln, um — wie ihm Trefort noch in demselben Jahre schrieb: — „nicht nur Ovationen, sondern auch ein Atelier in Ungarn zu finden". Zugleich stiftete Munkácsy für junge Künstler seiner Heimat ein Stipendium von 6000 Francs, das zum erstenmal dem Maler Emerich Révécz verliehen wurde. (Révécz arbeitete — wie später noch manche andere ungarische Maler — eine Zeitlang in Munkácsys Pariser Atelier und vollendete dort sein ziemlich bekannt gewordenes Bild: „Petöfi liest seine Gedichte in der Csárda vor.")

Übrigens war der Meister mit den Erfolgen seiner Schüler im allgemeinen keineswegs so zufrieden, wie er vorher erwartet hatte, so daß er bald schon den Gedanken aufgab, als Lehrer und Akademiedirektor die Kunst seines Vaterlandes zu fördern. Er war enttäuscht, seine Mühe, die er sich mit jungen Schülern von wirklichem Talente gab, in so geringem Maße durch Erfolge, wie er sie erwartete, belohnt zu sehen, und erst, als sich ihm die Aussicht eröffnete, in einer anderen Stellung, als Direktor der Pester Museen seinen Einfluß auf die Kunstentwicklung Ungarns geltend zu machen, entschloß er sich nach der Millenniumsausstellung 1896 den Plan, ganz nach Pest überzusiedeln, zur Ausführung zu bringen, eine Absicht, an deren Verwirklichung ihn allerdings seine ausbrechende Krankheit verhinderte.

Die zweite Anregung, die Munkácsy von seiner ungarischen Reise mitbrachte, hatte ein besseres Schicksal; wie es scheint, durch seine Unterhaltungen mit dem bekannten ungarischen Schriftsteller Maurus Jókai, hatte er den Gedanken gefaßt, ein Bild aus der ungarischen Geschichte: „Arpad, wie er bei Munkács Besitz vom Lande ergreift", zu malen; den Entschluß, dieses Gemälde auszuführen, sprach er schon am 28. Februar 1882 aus; die weitere Entwicklung des ursprünglichen Gedankens werden wir bei Betrachtung des Werkes selber darlegen.

Der Empfang, den Munkácsy bei seinen Landsleuten in Ungarn gefunden hatte, war geradezu überwältigend für ihn gewesen.

— Eine Episode in dieser Zeit zeigt uns in interessanter Weise das Verhältnis

Munkacsys zur Kritik. Dem Künstler war jede Schmeichelei ebenso zuwider, wie er ein offenes freies Wort der Kritik, auch wenn es für ihn nichts weniger als schmeichelhaft war, zu schätzen wußte, und er hatte — um ein Beispiel anzuführen — als Louis Cardon ein ungünstiges Urteil über den 1893 im Salon ausgestellten „Arpad" veröffentlichte, den Journalisten später nach der Umbei dem ungarischen Maler auf dieselbe klingende Anerkennung Anspruch machen zu können, an die er, wenn die Fama recht hat, von anderen weniger skrupelhaften Künstlern gewöhnt war. So bat er denn eines Tages Munkacsy mit leicht erkennbarer Absicht, er möge ihm eine Studie zum „Verurteilten", die ihm besonders gefallen hatte, verkaufen. Munkacsy erwiderte

Abb. 77. Stillleben (Blumenstück). Original im Besitze von Frau C. von Munkacsy.

arbeitung des Bildes bitten lassen, es allein in seinem Atelier zu besichtigen und ebenso freimütig wie früher ihm seine Ansicht, auf die er viel gab, zu äußern.

Nichts aber konnte Munkacsy verhaßter sein, als die zuweilen an Künstler herantretende Zumutung, gegen Entgelt sich günstige Kritiken zu erkaufen.

Albert Wolf, der schon genannte Kunstberichterstatter des Figaro, hatte bis zum „Christus vor Pilatus" Munkacsys Werke immer günstig, teilweise geradezu begeistert beurteilt; so glaubte er denn, ihm offen: „Sie verdienten zwar für ihre liebenswürdigen Artikel ein hübsches Geschenk, eine Kritik darf aber trotzdem nicht bezahlt werden, ich will sie nur meinem Talente verdanken. Andererseits kann und will ich Ihnen aber auch nichts verkaufen. Ich mache Ihnen aber einen Vorschlag: Ich dediziere Ihnen die Studie, und Sie machen meiner Frau dafür ein Gegengeschenk."

Wolf erhielt seine Studie auf diese Weise, aber Frau von Munkacsy hat die Gegengabe — er wollte einen Konzertflügel schenken — nie gesehen; es war somit mehr als erklärlich, daß Munkacsy, als er eines Tages erfuhr, daß Wolf das Bild sogar verkauft hatte, dem Kritiker in ziemlich derben Worten seine Meinung zu erkennen gab.

Wolf suchte nach einer Gelegenheit, sich zu revanchieren, und glaubte sie bei der ungarischen Reise des Künstlers gefunden zu haben. So brachte er denn, als Munkacsy eben nach Paris zurückgekehrt war, einen boshaften, hämischen Artikel, in dem er sich über die zuweilen mehr als stürmischen Kundgebungen lustig machte, mit denen die Ungarn ihren großen Landsmann begrüßt hatten.

Diese Rache war nun allerdings so plump, daß die ganze französische Kritik sich einstimmig gegen Wolf erklärte, und er sich eine kräftige Zurückweisung von seiten seiner Kollegen gefallen lassen mußte, wobei es nicht an bitteren Anspielungen auf den wahren Grund seines Verhaltens fehlte.

— Neugestärkt durch die allgemeine Anerkennung, die ihm zu teil geworden war, begann Munkacsy in Paris die Vorstudien zu einem neuen großen Werke aus der Geschichte des Heilandes, zu seinem „Golgatha" (Abb. 78). Mit diesem Bilde hat der Künstler die alte Darstellungsart ganz verlassen und uns eine Scene wirkungsvollster Dramatik vorgeführt. Alles ist Leben, echtes Leben; auch hier ist das Ereignis in dem wunderbar ergreifenden Ernst dargestellt, der es zu einem weltgeschichtlichen Momente stempelt. Auch hier fehlt jede Anlehnung an die übliche religiöse Malerei; es ist eine Scene, der wir beizuwohnen glauben, ohne Überirdisches, ohne Heiligenschein; die Person des Heilandes ist auch hier uns menschlich näher gebracht.

Es ist schon öfters richtig bemerkt worden, daß der einzige Künstler, mit dem man — mutatis mutandis — Munkacsy einigermaßen vergleichen kann, Rembrandt ist. Beide wissen — jeder in seiner Art — die einheitliche Stimmung über ihre Darstellungen zu breiten, die ihnen den eigentümlichen, ergreifenden Reiz verleiht. Auch beim „Golgatha" sind es nicht nur die Menschen, — die schwere Gewitterluft, die in lange Fetzen zerrissenen Wolken, der zerklüftete Fels, sogar die Farbenzusammenstellung an den Gewändern ist charakteristisch. (Mehr noch beim „Golgatha" als bei irgend einem anderen Munkacsyschen Werke gibt eine Reproduktion des Gemäldes nur einen schwachen Begriff von dem Original.) Munkacsy wie Rembrandt besitzen aber auch dieselbe ungekünstelte, frische Naivität der Auffassung, den sicheren Blick für wirkungsvolle Nebensächlichkeiten; man denke an den Henker mit Leiter und Beil im „Golgatha", der uns das entsetzliche Kreuzanschlagen und -aufrichten in die Erinnerung zurückruft.

Die Gruppen der Zuschauer, unter denen ein jüdischer Hauptmann zu Pferde hervorragt, sind bewegt und mannigfaltig, und doch lenkt sich alle Aufmerksamkeit auf den Heiland, obwohl das riesige Gemälde, das sieben Meter lang und fünf Meter hoch ist, eigentlich in zwei Hälften, die Gekreuzigten mit den weinenden Frauen einerseits (Abb. 76), das Volk und die Soldaten andererseits zerfällt.

„Christus vor Pilatus" hatte seinen Erfolg dem glücklich gewählten Stoffe sowie einer klaren Darstellung zu verdanken, die auch dem einfachen Manne verständlich war. „Golgatha" — (sein ursprünglicher Titel lautete: „Consummatum est") — regt durch seine packende Inscenierung weit mehr auf, es erschüttert weit mehr, als das erste Christusbild, aber es stellt auch höhere Anforderungen an das Kunstverständnis der Beschauer. Außerdem ist diese Scene so unendlich oft, auch von den berühmtesten Meistern dargestellt worden, daß es Munkacsys Werk schwer wurde, bei seiner europäischen Rundreise einen ähnlichen Eindruck zu erzielen wie die Gerichtsscene vor dem römischen Proprätor. Munkacsy mochte schaffen, was er wollte — der großen Masse blieb er bekannt als der Meister des „Christus vor Pilatus".

Welches Werk des Künstlers wir vorziehen, wird naturgemäß mehr oder weniger Geschmackssache bleiben; je nach der eigenen Beanlagung wird man „Milton" oder „Golgatha", „Christus" vor Pilatus, „Mozart", die „Renaissanceapotheose" oder „Ecce homo" bevorzugen; so viel aber ist sicher, daß die Kreuzigungsscene den Gipfelpunkt Munkacsyscher Dramatik darstellt. Der Maler selber schien es ebenfalls höher zu schätzen, als sein erstes Christusbild, denn er äußerte nach der Fertigstellung: „Gol-

Abb. 78. Golgatha (Mit Genehm...

Abb. 79. Porträt des Kardinals Haynald.

gatha" nimmt seine Revanche für „Christus vor Pilatus".

„Golgatha" machte noch seine Rundreise, als Munkacsy schon den Plan zu einem neuen großen Gemälde gefaßt hatte und sich mit den Skizzen dazu beschäftigte; es war der sterbende „Mozart" (Abb. 80), der sich sein Requiem vortragen läßt.

Inzwischen wurden im Sommer 1883 in Colpach verschiedene kleinere Studien und Genrescenen vollendet, wir nennen: „Familienkonzert" (ein Salonbild in der Art der früher erwähnten), eine Modellstudie, eine Parkscene, und die „Siesta" sowie im Winter in Paris das vorzügliche Porträt des Kardinals Haynald (Abb. 79).

„Mozart" wurde in demselben Winter begonnen und im Zeitraume eines Jahres vollendet; wenn dieses Gemälde nicht die gleiche europäische Berühmtheit wie die religiösen Bilder Munkacsys erlangte, so war daran wohl vor allem der Umstand schuld, daß es außerhalb von Paris nicht ausgestellt und bald nach seiner Vollendung an einen Amerikaner verkauft wurde.

Außerdem war vielleicht auch der Stoff nicht so glücklich gewählt wie beispielsweise bei „Milton"; der Vorgang läßt sich — trotz der klaren und geschickten Komposition — nicht ohne weiteres erraten. Beim „Verurteilten", beim „Milton" und selbst bei den Christusbildern ist die

Handlung derart ins allgemein Menschliche gerückt, daß wir, auch ohne die Unterschrift zu lesen, begreifen, um welchen Vorgang es sich handelt: um einen Verbrecher, einen Dichter, einen unschuldig Angeklagten und einen unschuldig Gekreuzigten. Hier aber, beim „Mozart" ist schon mehr Erklärung notwendig; wir sehen nur, daß ein kranker Mann mit durchgeistigten Zügen ein Konzert zu dirigieren scheint; wir müssen aber wissen, um was es sich handelt, um den „Mozart" in seiner ganzen Schönheit begreifen zu können. Munkacsy hatte übrigens, wie er selbst sagte, nicht beabsichtigt, einen Sterbenden zu malen; der Gesichtsausdruck Mozarts sollte weder Furcht vor dem Tode noch Kampf mit dem Tode ausdrücken. Mozart hat wahrhaft verklärte Züge; auch hier kommt Munkacsys hohe Auffassung der Kunst zur Geltung, wir müssen „Mozart" durchaus mit „Milton" und dem „Atelier" im inneren Zusammenhange betrachten; die drei Künstler, Musiker, Dichter und Maler beseelt in Munkacsys Darstellung der gleiche Geist, die gleiche Hingebung an den hohen Beruf. Bis zum letzten Atemzuge denkt Mozart an sein Werk; mit den ausklingenden Tönen seines Requiems entschlummert er für immer und sein letzter Gedanke gilt nicht seiner Frau, die weinend hinter seinem Sessel steht, er gilt der Musik, der sein Leben geweiht war. Ob Munkacsy mit dieser Auffassung den wahren Charakter des deutschen Meisters getroffen hat, möge dahingestellt sein; manchen wird es vielleicht schwer fallen, den Schöpfer des Don Juan, des Figaro und der lebensfrischen, melodiösen Musik in einer so ernsten Art dargestellt zu sehen, die vielleicht eher der Kunstanschauung des grübelnden Beethoven entsprochen haben mag. Doch ist es nicht Künstlervorrecht, mit anderen Augen die Welt zu betrachten? Wenn der Maler uns seine Auffassung wahrscheinlich macht, wer wagt dann fest zu behaupten, daß er unrecht hat? Wer wagt es gar zu beweisen? Auch wir müssen vor ein Kunstwerk mit naivem Geiste treten und einen Augenblick wenigstens den Ballast vorgefaßter Urteile ablegen — dann erst können wir in Wirklichkeit beurteilen, ob es dem Künstler gelungen ist, uns zu ergreifen und unser Mitgefühl anzuregen.

Es ist wohl selbstverständlich, daß wir der Kritik in keiner Weise die Berechtigung absprechen wollen; ebenso ist Lessings Forderung richtig, der Künstler dürfe wohl die Handlungen einer historischen Person ändern, nicht aber ihren Charakter, da er sonst keine Berechtigung habe, seiner Schöpfung den Namen jener Persönlichkeit beizulegen. Und doch hat der Künstler mit seiner instinktiven Auffassung des Charakters zuweilen mehr Recht als die wissenschaftlichste Kritik mit ihrem ganzen „Apparat"! — Mehrere Jahre sollten vergehen, bis Munkacsy wieder mit einem größeren Werke an die Öffentlichkeit trat. Sie werden ausgefüllt durch eine Reihe kleinerer Bilder, meist Genrescenen, wie wir sie Jahr für Jahr, vor allem in Colpach entstehen sahen; besonders erwähnt sei das „Mädchen im Park, Pfaue fütternd" (Abb. 74 und 75).

Die Gesundheit des Künstlers war dabei zeitweise recht schlecht, so daß er schon gezwungen wurde, seine Thätigkeit fast jedes Jahr durch eine Badereise zu unterbrechen. Zuerst hatten ihm die Ärzte Karlsbad verordnet, da man seine Krankheit als Muskelrheumatismus diagnostizierte. Natürlich bekam dem Künstler diese Kur auch nicht. Als er 1883 sich wieder in Karlsbad aufhielt, war er der Held einer humorvollen Scene: neben dem Hotel war ein Kunstladen; als der Maler daran vorbei kam, wurde seine Aufmerksamkeit durch ein großes Gemälde, das die Unterschrift „Munkacsy" trug, gefesselt. Er geht hinein und fragt, woher das Bild sei. Der Kunsthändler antwortet, es sei ein Munkacsy. „Nein, das ist kein Munkacsy, das ist eine ganz gemeine Fälschung," antwortet der erregte Maler. Die Diskussion wird immer lebhafter, bis der Bilderhändler droht, die Polizei holen zu lassen. „Ja, geh'n wir auf das Polizei!" ruft Munkacsy aus, und so begeben sie sich zum nächsten Kommissariat — Munkacsy mit dem Regenschirm gestikulierend voran, hinterdrein ein ganzer Menschenschwarm. Auf der Polizei stellt er sich vor als — Munkacsy! Tableau!

Schon während der anstrengenden Arbeit am „Golgatha" war Munkacsy zuweilen gezwungen, eine Zeitlang auszusetzen, so sehr erschöpfte ihn vor allem

Abb. 80. Mozarts letzte Augenblicke. (Mit Genehmigung des Verlegers Ch. Sedelmeyer in Paris.)

das Auf- und Abklettern an den Leitern des Gerüstes. (Bei seinem späteren Riesengemälde „Arpad", das noch bedeutend größer war als der „Christus am Kreuz", ließ sich Munkacsy in sinnreicher Weise den Rahmen mit der Leinwand derart über einer Versenkung anbringen, daß eine einfache Kurbeldrehung ihm jede Stelle des Bildes in bequeme Nähe brachte und er nicht mehr gezwungen war, die oberen Partien auf einer Leiter stehend auszuführen.)

Mit Mühe nur ließ sich Munkacsy überreden, einer Einladung des Besitzers seiner beiden Christusbilder des Herrn Wanamaker in Philadelphia (späteren Postministers) zum Besuche der Vereinigten Staaten von Nordamerika Folge zu leisten. Sein amerikanischer Bewunderer machte sich anheischig, ihm eine Fahrt ohne Ermüdung zu versprechen, und so trat der Künstler Ende 1886 die Reise an, die einzige große Reise seines Lebens, da er selbst in Italien seiner Zeit nur bis Florenz gekommen war.

Dieser kurze Aufenthalt in Amerika — er kam schon am 9. Januar 1887 wieder in Paris an — bot Munkacsy eine Fülle des Interessanten und Sehenswürdigen, aber keine einzige Anregung für seine Kunst. Kein Bleistiftstrich nur erzählt uns in seinem Werke von dem, was er dort gesehen, erzählt uns von etwas, was ihn als Künstler gefesselt hätte. Nicht einmal die großen Aufträge auf Porträts, die ihm von allen Seiten gemacht wurden, wollte er in Amerika ausführen, obwohl man ihm hohe Summen bot und versprach, ihm alle Bequemlichkeit verschaffen und ein Atelier wie zu Hause einrichten zu wollen.

„Kommen Sie nach Paris in mein Atelier, dann male ich Sie," sagte er, „hier nicht."

Das geschäftige, nüchterne Leben der Yankees sagte dem Maler in keiner Weise zu, und trotz glänzendster Anerbietungen, die es Munkacsy ermöglicht hätten, in kurzer Zeit Millionär in Amerika zu werden, lehnte er die Aufforderung, ganz in die neue Welt überzusiedeln, energisch ab. Aus jedem Briefe dieser Zeit an seine Gattin klingt die Sehnsucht nach seinem stillen Atelier in Paris, es ist ein wahres Heimweh nach Europa, das ihn erfaßt hat.

In Munkacsys Wesen liegt nicht nur eine starke Liebe zum ungarischen Vaterlande sowie zu seiner zweiten Heimat Paris, sondern auch ein gut Stück — man möchte fast sagen deutscher — Gemütlichkeit und Gemütstiefe. Ihn drängt es nicht hinaus in die Welt, andere Menschen, andere Länder, eine heißere Sonne und leuchtendere Tropenfarben zu sehen, er will nicht den ganzen Kreis der Schöpfung ausmessen — der begrenzte Horizont seiner Kunst ist ihm Welt genug. Keiner äußeren, stärkeren Anregung bedarf er, der aus der Tiefe des Herzens und der einfachen Umgebung, die den anderen unbedeutende Alltäglichkeit erscheint, die „Fülle der Gesichte" schöpft.

So hielt er es auch im Leben; wenn er auch Tausende kennen lernte, die Größen der Erde, die Berühmtheiten aller Länder, und die erste Gesellschaft ihn als Gleichberechtigten aufgenommen hatte — der Kreis seiner Freunde, ja seiner Bekannten blieb klein, und nur bei ihnen fühlte er sich so wohl, daß er zeitweise die Krankheit und die Schmerzen vergessen konnte, die jetzt schon anfingen, ihn das Leben als eine Qual, eine wahre Marter empfinden zu lassen. —

XII.

Man kann sagen, daß Munkacsy zu dieser Zeit im Zenithe seines Ruhmes stand; denn, wenn auch die folgenden Werke in seiner Kunst keinen Rückschritt bedeuten, sie können den Künstler nicht mehr höher heben, als ihn vor allem „Milton" und die Christusbilder gestellt hatten.

Hauptsächlich waren es die Stoffe der älteren Gemälde, die auch den einfacheren Mann anzogen, das Allgemeine, auf jeden Fall allgemein Verständliche der Handlung, in Verbindung mit der einfachen, wirklich zu Herzen sprechenden Darstellung, die den Namen Munkacsy weit über die Kreise der Kunstverständigen hinaus bekannt gemacht haben. In den folgenden Werken wandte sich der Künstler dagegen — wie schon im „Mozart" und den vielen kleinen Genrescenen im Stile Louis XIII. — mehr an das übliche Publikum der Galerien und Ausstellungen.

Munkacsy stand auf einer solchen Höhe, daß eine Steigerung seines Ruhmes einfach unmöglich war; denn man darf nicht außer Auge lassen, daß wohl kaum ein Künstler, wenigstens ein Maler, zu Lebzeiten so geehrt und — bezahlt wurde wie Munkacsy. In

Ungarn sah man in ihm eine Art Nationalheros; Orden und Auszeichnungen der verschiedensten Länder, Ehrenbürgerbriefe ungarischer Städte und Diplome fast aller Akademien Europas bezeugten ihm die Verehrung von Fürsten, Völkern und Körperschaften. Aus Amerika kamen — zum Teil groteske — Zeichen der Bewunderung, die er dort, wohin fast alle seine Bilder verkauft worden waren, erregt hatte: so wenn eine würdigkeit war, zu deren Besichtigung sich Einheimische wie Fremde drängten, sondern auch einen Sammelpunkt der Pariser Welt bildete, wo sich alles vereinigte, was durch Verdienst, durch Stellung oder Namen in diesem wahren Kosmopolis eine Rolle spielte. Munkacsys Feste zeichneten sich nicht nur durch Orginalität, der aber jede Gesuchtheit fehlte, sondern auch durch ihre Pracht aus, und verschiedene der von ihm und seiner

Abb. 81. Munkacsy in seinem Pariser Atelier (Avenue de Villiers). Nach einer Photographie.

Miß ihm an die Adresse „Munkacsy, Europa" schrieb, sie sammle nun seit fast einem Dutzend Jahren — Briefmarken und bäte ihn, ihre ganze Sammlung, aus über einer Million Marken bestehend, von ihr gütigst annehmen zu wollen, um — — sein Atelier damit zu tapezieren!!

Die Einnahmen, die Munkacsy für seine Bilder erhielt, stiegen ins Fabelhafte und gestatteten ihm, in Paris aus seinem neuen Hause in der Avenue de Villiers einen wahren Zauberpalast zu schaffen (siehe die Abb. 67, 69 und 81), der nicht nur eine Sehens-

Gemahlin gegebenen glänzenden Soireen, zu denen bis zu achthundert Eingeladene erschienen, bilden jetzt noch eine der interessantesten Erinnerungen im Pariser Salonleben der achziger und neunziger Jahre.

Es ist eine sonderbare, aber wie oben gezeigt wurde, erklärliche Thatsache, daß nach den Christusbildern keins der Munkacsyschen Werke die allgemeine und ungeteilte Bewunderung fand wie früher. Man hatte sich an einen bestimmten „Munkacsy" gewöhnt, man erwartete von ihm ein gewisses Helldunkel in der Farbe, einen gewissen melancholischen Charakter in der Darstellung, und wenn es ihm auch gelungen war, die Bewunderer seines „Verurteilten" zur rückhaltlosen Anerkennung des „Milton" wie des „Christus vor Pilatus" zu zwingen, so waren es jetzt vielleicht gerade seine treuesten Anhänger, die ihn auf die neuen Wege nicht zu begleiten vermochten oder sich wenigstens nur schwer an die Auffassung und Malweise einiger seiner späteren Werke gewöhnen konnten.

meter Leinwand zu bemalen! — sondern auch wegen der verschobenen Perspektive eine besonders anstrengende Arbeit erforderte, die „Apotheose der Renaissance" dar.

Munkacsy als Allegorist mit schwebenden Genien, Palmwedeln und einer Phantasiearchitektur? Man konnte sich ihn gar nicht so vorstellen.

Und doch hatte er das Werk unternommen, allerdings in etwas anderer Art, als man es bisher bei Apotheosen gewohnt

Abb. 82. Federskizze Munkacsys zu dem Deckengemälde in Wien.

Während schon der „Mozart" ohne nachhaltigen Eindruck an der großen Menge vorbeigegangen war, tritt die Erscheinung, daß Kritik wie Publikum Munkacsy gegenüber unschlüssig dasteht, bei seinem nächsten großen Werke, dem Deckengemälde („Plafond") für das Kunstgeschichtliche Museum in Wien, noch deutlicher an den Tag.

Die Arbeit war Munkacsy nach Makarts Tode, der sie zuerst ausführen sollte, übertragen worden. Er stellte auf dem Gemälde, das ihn 1889/90 beschäftigte und nicht nur wegen der ungeheuren Größe — es waren über hundert Quadrat-

war. Munkacsy blieb auch bei seinem Plafond auf dem Boden der Wirklichkeit, und es ist fast zu bedauern, daß er der üblichen Regel in einem Punkte nachgegeben hat und mitten über der lebenswahren und lebensfrischen Scene, die uns die Meister der italienischen Renaissance unter den Augen des kunstfreudigen Papstes Julius II. in offener, säulengetragener Kuppel bei der Arbeit vereinigt zeigt, geflügelte Genien schweben läßt. Diese letzteren sind nun vielleicht eher menschliche als ätherische Wesen, und wenn sie auch in den Rahmen der Komposition vortrefflich passen, muß einem nüchternen Kritiker doch ein gelinder Zweifel an ihrer Flugfähigkeit aufsteigen.

Das Bild (Abb. 82, 83 und 84) wurde im Salon 1890 ausgestellt, leider aber, was allerdings aus den Raumverhältnissen sich erklären läßt, nicht in schwebender Lage, mindestens zwölf Meter hoch über dem Auge des Beschauers, sondern wie die anderen Bilder senkrecht. So stand der Laie fast kritiklos dem Riesenwerke gegenüber, er sah schwankende Gestalten, einstürzende Säulen, verzerrte, verkürzte und verlängerte menschliche Gliedmaßen und hatte guten Willen

Abb. 83. Bleistiftskizze zu dem Deckengemälde in Wien.

zu zeigen, um dem Maler aufs Wort zu glauben, daß alles so sein müßte, um in der Höhe an Ort und Stelle richtig auszusehen.

Die Kritik war gerade bei diesem Werke recht oberflächlich. Man kennt ja die bekannte Sucht der „geistreichen Plauderer", denen es weniger um eine Belehrung des Publikums als um ein Prunken mit eigener kompilatorischer Weisheit zu thun ist, bei Adam und Eva anzufangen, um das kleinste Kunstwerk zu kritisieren. Bei Beurteilung Munkacsyscher Bilder war bis jetzt den Herren fast jeder Anlaß zum Auskramen ihrer kunstgeschichtlichen Bildung entzogen; Munkacsy war von Natur wie durch seinen eigenartigen Studiengang so selbständig, so Original, daß eine Zusammenstellung mit anderen Meistern, ein Einreihen seiner Werke in irgend eine schematische Tabelle schwer, wenn nicht unmöglich wurde. So hatte man sich mit weithergeholten, meist recht äußerlichen Vergleichen begnügt: Rembrandts „Ronde de nuit" wurde mit Munkacsys „Rôdeurs de nuit" zusammengebracht (man beachte die Wortähnlichkeit!), Dorés Bibelillustrationen sollten einen ähnlichen Cha-

Abb. 84. Kompositionsskizze zu dem Deckengemälde in Wien.

rakter wie des ungarischen Malers Christusbilder zeigen, Bida hatte, wie Munkacsy, den biblischen Juden arabische Gewänder gegeben, Makart hatte leuchtende, Ribot dunkle Farben, also — —!

Munkacsy war aber bis dahin auch in seinen Stoffen so eigenartig, daß es fast niemals einem Kritiker vergönnt war, die Geschichte der früheren Darstellungen des betreffenden Gegenstandes zu bringen, selbst bei seinem Golgatha war die Auffassung Munkacsys so originell, daß eine chronologische Aufzählung der früheren Wiedergaben derselben Scene keinem Kritiker einfallen konnte.

Beim Plafond war es anders. Deckengemälde und sogar Deckengemälde, die eine Apotheose darstellen, gibt es genug, und so ließen die Kunstberichterstatter es sich nicht nehmen, an die großen Vorgänger Munkacsys in diesem Felde der Malerei zu erinneren. Mit welchen Werken hat man Munkacsys Plafond nicht verglichen! Man nennt Delacroix und Delaroche, Tintoretto und Veronese, die Munkacsys Vorbilder gewesen sein sollten; ein Franzose behauptet: „Der Plafond riecht auf eine Meile nach Tiepolo"; ein anderer nennt Baudry, den Schöpfer des Deckengemäldes in der Großen Oper zu Paris, „durch den Munkacsy augenscheinlich beeinflußt wurde", während eigentümlicherweise ein deutscher Kritiker genau das Gegenteil behauptet: „Es ist nicht unmöglich, daß ihm der gräßliche schwarze Plafond der Großen Oper als abschreckendes Beispiel gedient hat."

Wenn sich Munkacsy, der jede Kritik vertrug und gerade aus den ungünstigsten am meisten zu lernen behauptete, über etwas wirklich ärgern konnte, so war es über diesen Vorwurf des Plagiates. Wohl wußte er, wieviel er anderen Meistern, bewußt oder unbewußt, zu danken hatte, da jeder Künstler auf den Schultern seiner Vorgänger stehen muß, andererseits aber war er sich und mit Recht bewußt, so selbständig zu sein, wie nur irgend jemand gewesen sein konnte; mied er doch im allgemeinen mit fast ängstlicher Scheu, die Werke der berühmten Maler früherer Zeiten überhaupt zu sehen, um nicht in eine Abhängigkeit zu ihnen zu geraten oder durch den Gedanken, es doch nie so weit wie sie bringen zu können, in seiner Schaffensfreude gestört zu werden! Es mag uns ein Lächeln abnötigen und übertrieben, vielleicht sogar kindlich erscheinen, daß er auf die Frage, ob er die berühmten Galerien Italiens nicht sehen wollte, die Antwort gab: „Ich genüge mir selbst" — wer sich aber erinnert, wie ihn, den kein Elend, keine Krankheit und keine Nahrungssorgen entmutigten, die beispiellose Anerkennung, die sein eigener „Verurteilter" fand, der Verzweiflung und dem Selbstmorde nahe gebracht haben, wird diesen Charakterzug des Menschen wie des Künstlers verstehen.

Daß Motive aus Munkacsys Plafond — die Freitreppe, die Säulenhalle und die Loge sich auch in älteren namentlich venetianischen Deckengemälden vorfinden, kann nicht geleugnet, braucht aber auch nicht entschuldigt zu werden, da sie sozusagen zum eisernen Bestande des Deckenmalers gehören so gut wie blauer Himmel und Wolken. Munkacsy hat auch gerade zur Renaissanceapotheose — vielleicht zum erstenmal gründlich — die großen Meister, die er verherrlichen sollte, in ihren eigenen Werken (an Photographien) studiert und sich, wie aus seinen Mappen hervorgeht, damals eine große Sammlung der berühmtesten Deckengemälde angelegt. Er sagte sich ganz richtig, daß er in diesem Falle es seiner Kunst schuldig war, sich an der Hand jener Meisterwerke in den Geist der Zeit zurückzuversetzen, die sein eigener Pinsel verherrlichen sollte. Wer also in Munkacsys Apotheose etwas von dem Hauche der alten Venetianer zu spüren glaubt, wird dies unserem Künstler nur zum Ruhme anrechnen. An irgend ein bestimmtes Vorbild, an eine wirkliche Anlehnung kann niemand denken!

In Wahrheit können wir sagen, daß Munkacsy bis zum letzten Pinselstrich sich selber treu geblieben ist, daß er keiner Mode, keiner Richtung gefolgt ist, daß er aber auch andererseits sich nicht wie so manche seiner Kunstgenossen in eine gekünstelte Einseitigkeit verbohrt hat. Stets blieb der Künstler über dem Werk und mischte dem Charakter des Bildes entsprechend seine Palette.

— Wie lächerlich sind doch heutzutage die meisten Allegorien! Embleme und Personifikationen aller alten und neuen

Völker, Überlieferungen griechischer, römischer, indischer, ägyptischer, jüdischer und christlicher Religion sind in buntem Durcheinander vereinigt, und es gehört schon ein tüchtiges ikonographisches Wissen dazu, um die Darstellungen, denen die Masse der Beschauer einfach verständnislos gegenübersteht, zu erklären. (Ob dieser Unsitte nicht ein Hauptteil an der Interesselosigkeit für Skulpturen, die man heute beim Volke findet, zuzuschreiben ist??) Munkacsy blieb im Gegensatz dazu trotz der allegorischen Aufgabe möglichst im Rahmen der Wirklichsich gesträubt, Unwahrheiten, Phantasiegeschöpfe einer idealen Welt zu malen, und statt deren wirkliche Wesen von Fleisch und Bein geschaffen.

In der Apotheose ist außer diesen „fliegenden Menschen" nichts unwahrscheinlich, selbst die, ohnehin nicht unmögliche Architektur ist durch die Loge des Papstes und die breite marmorne Freitreppe ihres Phantasiecharakters entkleidet worden.

Als Munkacsy 1890 sein Gemälde an Ort und Stelle sah, konnte er mit voller Berechtigung von Wien aus am 17. Sep-

Abb. 85. Kompositionsskizze zum „Arpad". Erster Entwurf.

keit. Freilich doch in anderer Art als bei seinen bisherigen Werken.

Der Plafond sollte das Treppenhaus eines Prachtgebäudes schmücken, er war in den Rahmen der wirklichen Architektur einzufügen; demgemäß mußte Auffassung und Ausführung des Deckengemäldes anders sein als bei den für Galerien oder Salons bestimmten religiösen und Genrebildern. „Ich war bestrebt, meine Auffassungs- und Malweise (ma manière) zu ändern, und glaube, daß man es sieht," sagte der Künstler im Hinblick auf den Plafond zu dem Kritiker Paul Fresnay — und doch erkennen wir den alten Munkacsy auch in der Renaissanceapotheose wieder, selbst in den seinen übrigen Darstellungen so fremden Genien und Amoretten; es ist, als hätte sein Pinsel

tember seiner Gattin befriedigt schreiben:
„Der Plafond macht sich in der That gut und all' unsere Furcht wegen Perspektive und Architektur war unbegründet. Auch Angeli, der den Plafond in Paris gesehen und seine Furcht betreffend der Architektur ausgesprochen hat, ist völlig zufrieden gestellt und gesteht, daß ich mich nicht getäuscht habe .... kurz und gut, ich hoffe, daß ich Erfolg und mich nicht umsonst gequält haben werde."

Munkacsy hatte inzwischen einen Gedanken wieder aufgenommen, den wir zuerst bei seiner ungarischen Reise 1882 erwähnt gefunden haben: die Darstellung einer Episode aus der ungarischen Geschichte, der Scene, wie die unterworfenen Völkerschaften Ungarns dem Magyarenfürsten Arpad zum

Abb. 86. Kompositionsskizze zum „Arpad". Zweiter Entwurf.

Zeichen der Huldigung Erde, Heu und Donauwasser überbringen. Das Bild war für den Sitzungssaal des ungarischen Parlamentes bestimmt; Munkacsy begann die Arbeit schon 1891, aber erst 1893 sollte das Werk ganz vollendet sein. Zum erstenmal mußte der Maler sich außer mit den notwendigen Kostüm- und geschichtlichen Studien auch mit Untersuchungen über die darzustellenden Rassen — magyarischen, slavischen und deutschen Ursprungs — beschäftigen, und zwar unternahm er diese Studien in Ungarn selbst. Auf keinem seiner übrigen Gemälde hatte er besonderen Wert auf naturgetreue Wiedergabe der einzelnen Völkertypen gelegt; wohl war er bemüht — und es ist ihm auch stets gelungen — den Volkscharakter in den darzustellenden Personen zu treffen; woher er aber seine Modelle nahm, war ihm gleichgültig, wenn sie nur seiner inneren Vorstellung entsprachen.

So kam es denn, daß fast alle Personen seiner früheren ungarischen Bilder (des „Verurteilten", der „Strolche" u. s. w.) Deutsche aus Düsseldorf waren, daß zu seinem „Milton" ein blinder Franzose aus einem Pariser Hospital Modell saß, während die drei Töchter Miltons nicht nur nicht miteinander verwandt waren, sondern sogar den verschiedensten französischen Volkskreisen entstammten (eine war Gräfin, eine zweite berufsmäßiges Modell, die z. B. auf die Frage, ob sie noch mehr Geschwister habe, die naive Antwort gab: „Wir sind zu drei Mädchen zu Hause — eine davon ist verhältnismäßig anständig"). Auf den Christusbildern finden wir außer einigen Juden auch Araber, die sich seinerzeit in Originalkostümen in Paris sehen ließen, sowie Herren aus der feinsten nichtjüdischen französischen Gesellschaft (ein Graf G. sitzt vorn rechts auf dem „Christus vor Pilatus"); sein Mozart war ebensowenig Deutscher wie die Sänger, die das Requiem vortragen, und sein bestes männliches ungarisches Modell fand Munkacsy in Paris in einem rassenreinen — Süditaliener, den

Abb. 87. Kompositionsskizze zum „Arpad". Dritter Entwurf.

er jahrelang in seine Dienste nahm und der denn auch auf den meisten kleineren ungarischen Dorfscenen wie auch vielen Louis XIII-Bildern dieser Zeit zu finden ist (s. z. B. Abb. 97).[1]

Zum „Arpad" aber wagte Munkacsy sich doch nicht ganz auf sein Gedächtnis und das gute Glück im Finden geeigneter Modelle in Paris zu verlassen. Er begab sich noch 1891 auf eine längere Studienreise nach Ungarn. Seine Briefe, die er während dieser Zeit an seine Gemahlin richtete, lassen die peinliche Mühe erkennen, mit der er seinen Zweck zu erreichen suchte, ebenso aber auch die Anstrengungen, denen er sich unterziehen mußte; einige Stellen geben wir in deutscher Übersetzung wieder:

„Budapest, den 2. Oktober 1891.

... Ich hoffe in Kürze meine Wanderungen durch das Land beginnen zu können, um Modelle (des types) zu suchen..."

„(o. O.) 4. Oktober 1891.

... Man findet meine (Arpad-) Skizze als Sujet sehr gut, was mich beruhigt; ich muß also nur noch gute Modelle zur Ausführung finden..."

„Czentes, den 9. Oktober 1891.

Ich schreibe Dir von Czentes aus. Ich bin gesund, aber recht ermüdet, da wir die halbe Stadt mit Herrn E.. photographiert haben, der so liebenswürdig ist, mich überall hin zu begleiten und seine Kunst zu meiner Verfügung zu stellen. Ich hoffe, daß sich unter der Masse von Aufnahmen, die wir auf den Platten fixiert haben, einiges finden wird, das ich gebrauchen kann. Ich bleibe bis zum zwölften hier, dann werde ich über Szegedin andere Gegenden — welche, weiß ich noch

Abb. 98. Arpad. Älteste Ausführung des Bildes nach dem „dritten" Entwurfe. Wiedergabe einer Photographie mit eigenhändigen Bleistiftzeichnungen des Künstlers.

---

[1]) Und doch hat G. Neuda (Urteile der französischen Presse über M. Munkacsy u. s. w. Paris 1879, Seite 2) nicht unrecht, wenn er schreibt, daß der Künstler „überall tief empfundene, wahre Typen" bringt. „Seine Bilder, welche den Zeitgenossen durch Kraft der Charakteristik, dramatischen Ausdruck imponieren, werden einst den Wert eines historischen Zeugnisses des Volkslebens unserer Zeit besitzen. Hierin liegt, glaube ich, die hauptsächliche Bedeutung Munkacsys."

nicht — aufsuchen. Auf jeden Fall werde ich mich bemühen, meine Wanderungen möglichst bald zu vollenden, da es mich sehr ermüdet.

Du brauchst es nicht zu bedauern, mich diesmal nicht begleitet zu haben, denn, wohin ich auch komme, würdest Du Dich nicht wohl fühlen können ... Der Empfang war allerdings wie immer: die Stadt beflaggt, abends Ständchen u. s. w. Ich habe freilich gebeten, gar nichts zu veranstalten, so werde ich mit einem Bankett morgen abend loskommen, und wir können den ganzen Tag über die Stadt und die Umgebung durchstreifen und photographieren."

„Budapest (o. Z.).

Eben komme ich von meiner Rundreise aus dem Lande zurück. Bei Czentes habe

Theater und um achteinhalb Uhr ein Bankett, das bis ein Uhr Morgens dauerte. Am folgenden Tage Abfahrt über Szolnok nach Kolosvar (Klausenburg), Ankunft sechs Uhr früh; ohne zu schlafen, den ganzen Tag photographiert — es war gerade Markt. Allgemeine Überraschung in der Stadt! Mittags wußte man's — Abordnung, Einladung, Interview inmitten der Bauern in einem Hofe. Ich habe Ankäufe gemacht, alte Hüte und Kostüme erstanden. Abends Abfahrt nach Hunyad, bei einem Magnaten gespeist. Um elf Uhr zu Bette, aufgestanden um acht Uhr, wieder photographiert und Kostüme gekauft bis mittags, schnell gegessen, dann zurück nach Kolosvar im Vierspänner, vier Stunden lang durch eine

Abb. 89. Kompositionsskizze zum „Arpad". Vierter Entwurf.

ich sie angefangen und dann Tag für Tag wie die reinste Primadonna fortgesetzt. Ich hatte Angst vor der Reise, da ich ermüdet abgefahren war; doch man sollte meinen, daß dieses thätige Leben mir gut bekommt, denn ich bin ganz gesund — vorläufig wenigstens — zurückgekehrt, trotzdem ich die letzte Nacht unterwegs war.

Um Dir einen Begriff von meinem Dasein zu geben, lasse ich eine Probe folgen:

Ich kam in Czentes um fünf Uhr abends an, sofort eine Rundfahrt durch die Stadt, um alles zu sehen, was zu sehen ist. Abends in kleinerem Kreise gespeist. Geschlafen. Am anderen Morgen um acht Uhr schon auf dem Platze, gegen dreißig Aufnahmen gemacht, um elf Uhr im Wagen nach Csongrad, einundhalb Uhr kurzes Mittagessen, bis vier Uhr photographiert, dann wieder nach Czentes zurück, um sieben Uhr

herrliche Gegend. Um sechs Uhr Ankunft, Vorstellung von Leuten um sieben Uhr, Bankett um achteinhalb Uhr ... Abfahrt um elf Uhr, um in Pest um siebeneinhalb Uhr anzulangen.

So bin ich denn hier. Niemand ahnt es noch ... das ist meine Existenz. Und doch bekommt es mir bis jetzt gut, denn jetzt sind's gerade acht Tage, daß ich keinen einzigen Augenblick mehr Ruhe habe — außer der Nacht, und auch die habe ich mehrfach im Eisenbahnwagen zugebracht... Um zwei Uhr fahre ich nach Tisza Dob, Terebes, komme über Miskolcz hierher zurück, um dann noch einige Tage hier zu bleiben und gegen Ende Monats (nach Paris) zurückzukehren." — —

— — Es ist sonderbar, wie sich im Laufe der Jahre der Plan des Bildes geändert hat. Wir werden uns erinnern, daß Munkacsy zum erstenmal auf dem Diner bei Graf Tisza am 1. März 1882 Arpad erwähnte, ben er zu malen versprach, „wie er bei Munkács Besitz vom Lande ergreift". Schon wenige Tage später, am 10. März erfahren wir aus einem Trinkspruche des Dichters Moriz Jókai Näheres über das beabsichtigte Geschichtsbild, dessen Grundidee Munkacsy wahrscheinlich diesem Freunde zu danken hatte:

„Wollen Sie nach so vielen glänzenden Reden einen gedankenarmen Menschen anhören, der Ihnen von den guten Ideen anderer erzählen will, so will ich Ihnen etwas von dem zukünftigen Munkacsy erzählen. Von dem vergangenen und gegenwärtigen hat man Ihnen schon genug gesprochen. Ich bin mit ihm einen Tag und eine Nacht gereist und habe ihn als einen Ungarn von echtem Schrot und Korn kennen gelernt. Zusammen haben wir in der Schenke getanzt, zusammen haben wir die Lieder der Puszta gesungen.

Es ist das schon lange her, daß ich so gut gelaunt war, vielleicht werde ich es nie mehr sein. Und durch diese frohe Laune brachen die Blitze des Genius, mit denen

Abb. 90. Federskizze zum „Arpad".

er das Bild beleuchtete, das uns Ungarn, besonders aber mir, als einem der Fabulisten der ungarischen Nation so oft erschienen ist, das Bild, wie unsere Ahnen zuerst in dieses Land gekommen. Es wurde schon die Idee angeregt, wie würdig es wäre, wenn dieses Bild zur Millenniumsfeier von Munkacsys Pinsel verherrlicht würde, ein Bild, das in dem dann gewiß fertigen neuen Parlamentsgebäude eine würdige Stätte fände.

Und die Idee, die er damals in fröhlicher Laune ausbrütete, zeigt das ganze großartige Gemälde, das einst die ganze Welt bewundern wird — ich werde es vielleicht nicht mehr sehen. Aber ich sehe es auch jetzt vor mir. Arpad hält seinen Einzug durch den Vereczker Paß; hinter ihm geht über den Siebnerspitzen der Karpathen die Sonne auf, und ihm entgegen kommen die verwandten Stämme der Polóczen, Székler, Jazygier, die ihn als Erlöser begrüßen; es kommen aber auch die Slovaken, Russen und Rumänen, um ihm zu huldigen und ihre Bundesgenossenschaft anzubieten. Im Hintergrunde aber segnet der sterbende Almos das Volk."

Abb. 91. Federskizzen zum „Arpad".

Abb. 92. Arpad. (Nach der ersten Vollendung.)
Verkleinerte Wiedergabe einer Photographie, auf die der Künstler mit Feder die später anzubringenden Verbesserungen eingezeichnet hat.

Munkacsy wich ziemlich weit von diesem Plane ab, wenn die Darstellung Jókais wirklich den Absichten des Malers entsprach, und nicht etwa teilweise auf Rechnung der Phantasie des Dichters zu setzen ist.

Munkacsy zeigt den Fürsten in ruhiger Haltung zu Pferde vor seinem Zelte, umgeben von glänzendem Gefolge und einer vielköpfigen jubelnden Kriegermenge, während die Gesandten der eingeborenen Völker ihm zum Zeichen der Unterwerfung Donauwasser, Erde und Heu darbringen. Es ist also keine dramatische, vielleicht etwas sentimental angehauchte Scene wie die, die Jokai uns geschildert hat, sondern eine ruhige Komposition, in die nur durch die Begeisterung der zuschauenden Ungarn Bewegung gebracht ist.

Der Grund für diese Abtönung der Handlung, die der Dichter in so dramatischer Weise geschildert hatte, ist sehr einfach; er ist einesteils in der Riesengröße des Bildes begründet (sechzehn Meter lang, sechs Meter hoch!), und andererseits in seiner Bestimmung. Wie der „Plafond" sollte auch „Arpad" seinen Platz als Zierde eines größeren Raumes erhalten, dabei sollte „Arpad" Tag für Tag denselben Personen, den Abgeordneten in dem Sitzungssaale des ungarischen Parlamentes vor Augen sein. Nun ist es ja bekannt — man braucht nur an Lessings „Laokoon" zu erinnern — daß nichts auf die Dauer so ermüdend wirkt, wie die Darstellung zu lebhafter Bewegungen. Die Kritik hat diesen Grundsatz vergessen, als sie beim „Arpad" das Fehlen der sonst an Munkacsyschen Bildern so stark zu Tage tretenden Dramatik beklagte.

Interessant dürfte es sein, einmal an einem Beispiele — dem „Arpad" — zu zeigen, wie Munkacsy arbeitete, und welche Wandlungen die Komposition im allgemeinen wie in ihren einzelnen Bestandteilen durchmachen mußte, ehe sie in ihrer letzten Form endgültig im Bilde festgelegt wurde. Aus den unzähligen Skizzen und Studien des Meisters geben wir einige der interessantesten wieder. Abb. 85 zeigt uns wohl den ältesten Entwurf — augenscheinlich eine Scene im Inneren des Fürstenzeltes, durch dessen (links) offenen Eingang ein Blick auf die Landschaft fällt. Nur wenige Personen sind bei der Unterwerfung der Gesandten, die in würdevoller Haltung dem auf dem Throne sitzenden Arpad nahen, zugegen. Von weiteren Einzelheiten der Ausschmückung des Raumes ist nur der Fußteppich vor dem Throne, Waffentrophäen (?) über und neben dem Sitze und Sessel — die vielleicht die Spenden der Gesandten aufnehmen sollen — zu beiden Seiten erkennbar.

Wahrscheinlich wird das fast dreimal so breite wie hohe Format des auszuführenden Bildes eine Darstellung der Scene in dieser Form verboten haben. Munkacsy sah ein, daß er die Handlung ins Freie verlegen mußte; zunächst nahm er (Abb. 86) als deutlichen Mittelpunkt das Fürstenzelt im Hintergrunde an, vor dem sich die Unterwerfung abspielen sollte; die Zuschauer scheinen an Zahl noch ziemlich beschränkt zu sein, Arpad selbst zu Pferde, die Gesandten in bewegter Gruppe, teils redend, teils über die mitgebrachten Spenden gebückt; die linke Seite scheint rein landschaftlich gedacht zu sein. Aber auch dieser Entwurf mußte verworfen werden; die schon erwähnten Größenverhältnisse erlaubten es nicht, einen zu scharf markierten Mittelpunkt dem Bilde zu geben. Ein zweiter, wenn auch weniger stark hervortretender Ruhepunkt für das Auge war — wie schon früher im „Golgatha" — geboten. Das Fürstenzelt wird nach rechts in den Hintergrund verlegt (Abb. 87), Arpad bleibt noch ziemlich in der Mitte, während der übrige Raum rechts und links sich mit einer bunten Kriegermenge zu Pferde — Einzelskizzen dazu siehe in Abb. 93, 94, 105, 106, 108, 110, 111, 113, 114 — ausfüllt und nur noch eine beschränkte Aussicht auf die weiter entfernt sich erhebenden Lagerzelte gestattet. Mit einigen Änderungen wurde dieser dritte Entwurf in einer großen Farbenskizze (Abb. 88) ausgeführt: das Fürstenzelt ist ganz in den Hintergrund auf eine Anhöhe geschoben, die übrigen Zelte sind vollständig verschwunden, die zuschauenden Krieger hauptsächlich links in dichte Massen vereinigt.

Aber auch dieser Entwurf sollte nicht vollendet werden; eine vierte Kompositionsskizze (Abb. 89) zeigt den Versuch, die linke Hälfte durch große Zelte zu beleben und die ganze Handlung wieder mehr in die Mitte zu verlegen.

Besondere Schwierigkeit machte Munkacsy die Ausfüllung des rechten Vordergrundes. Auf Abb. 88 sehen wir drei sich unterhaltende Krieger, später wollte dann der Maler eine Frau und einen Knaben, unter dem vielleicht der Thronfolger gedacht war, hier einfügen (Abb. 90 und 91), bis er endlich nach den verschiedenen Versuchen die Stelle frei ließ und nur durch eine Baumwurzel belebte.

Auf dem Bilde, wie es Munkacsy zum Frühjahrssalon 1893 fertig stellte (Abb. 92, 95 und 96) ist die Komposition der beiden letzten Entwürfe im allgemeinen festgehalten worden, die Zelte links sind freilich kaum angedeutet und das Fürstenzelt rechts noch vorn herangerückt, so daß es den Hintergrund für Arpad und seine ihn umgebenden Großen zu Pferde abgibt.

Daß das Werk auch so noch nicht fertig war, zeigen unsere Abbildungen, die nach einer Photographie angefertigt wurden, auf welche der Künstler selber die später zu erwähnenden Korrekturen eingezeichnet hat.

„Arpad" fand, wie schon gesagt, beim Publikum keine sehr günstige Aufnahme; die meisten Besucher des Salons 1893 — (Munkacsy war bei der „Secession" dem alten Salon getreu geblieben, weil ihn, wie er sagte, ein Gefühl der Dankbarkeit an den Ort fesselte, wo er seine ersten Erfolge errungen hatte) — standen vor der Riesenleinwand, dachten nicht an die Bestimmung des Gemäldes und waren schnell mit ihrem Urteil fertig: „Das Bild ist zu nüchtern", wobei noch zu bemerken ist, daß der Gegenstand der Darstellung doch wohl nur die wenigsten fesseln konnte. Was war ihnen Arpad?

Munkacsy selber war übrigens mit dem fertigen Bilde keineswegs zufrieden, als er es in der Ausstellung wiedersah, nur fand er als Künstler den Fehler an anderer Stelle als die Kritik.

Abb. 93. Federskizzen zum „Arpad".

Mir erzählte er seiner Zeit, wie sehr ihn die Größe der Riesenleinwand zuerst verblüfft hatte: „Ich weiß als Maler doch auch, wie lang eine Strecke von sechzehn Meter ist, aber, als ich zum erstenmale die aufgespannte, nackte, weiße Leinwand sah, wurde es mir ganz unheimlich. Das sollte ich bemalen! Ich wagte kaum anzufangen und hatte zum erstenmal innerliche Zweifel an dem Erfolge."

Die Größe und vor allem die der Saalwand entsprechende lang gestreckte Form des Bildes hatte, wie schon gesagt, den Bild, das ihm bisher am schlechtesten gelungen sei: „Sobald ich es im Industriepalaste ausgestellt sah, sah ich alle meine Fehler ein. Mein Bild war kalt, matt und ohne packendes Leben. Das Freilicht hatte mich ängstlich gemacht und veranlaßt, meine Farben abzustumpfen."

Munkacsy war aber zu sehr Künstler, um sich durch den unbestreitbaren Mißerfolg nicht abschrecken zu lassen; er begann sofort eine vollständige Umarbeitung des ganzen Gemäldes.

Am 30. Juni 1893 schrieb er seiner

Abb. 94. Federskizzen zum „Arpad".

einen Nachteil, daß es unmöglich war, der ganzen Scene einen, jedem Beschauer sofort ins Auge fallenden Mittelpunkt zu geben. Es wurde nun Munkacsy, als er sein Werk in der Ausstellung sah, sofort klar, daß es ihm nicht gelungen war, die Handlung über das ganze Bild gleichmäßig zu verteilen, die linke Seite des Gemäldes erschien im Vergleich zur rechten leer und unbedeutend, wenn nicht überflüssig; ebenso fand er zu wenig Leben in der Darstellung, aber nicht weil die Bewegungen der Figuren zu ruhig waren, sondern weil die Ausführung zu kalt, die Farben zu matt erschienen.

Er erklärte dem früher schon erwähnten Herrn Cardon ganz offen, „Arpad" sei das Gattin von Paris aus: „Die Skizze habe ich von neuem gemalt; sie macht sich gut, trotzdem ich an der Komposition fast nichts geändert habe. Ich bin jetzt überzeugt, daß alles in der Ausführung und in der Farbe liegt, in dieser Richtung muß ich mich also bewegen. Ich weiß überhaupt noch nicht, wohin es mich führen wird. . . ."

Fünf Monate war er angestrengt thätig, dann aber konnte er einem ihn besuchenden ungarischen Kritiker sagen: „Jawohl, nun bin auch ich zufrieden. Mein ganzes Herz, meine ganze Seele und all mein Fühlen lagen auch früher in dem Bilde, allein etwas vermißte ich darin und zwar mein — Temperament. Nun aber glaube ich, all' meine Kraft hineingelegt zu haben."

Abb. 95. Linke Hälfte des Arpadbildes. Nach der von Munkacsy mit der Feder verbesserten Photographie.

Bei der Umarbeitung war Munkacsy wieder mehr auf die vierte Komposition (Abb. 89) zurückgekommen, hatte, wie wir auf der von ihm selbst mit der Feder verbesserten Photographie sehen können, die Bäume nach der linken Seite hin ihre Zweige ausdehnen lassen und hiermit wie durch Vergrößerung der Fahnen u. s. w. mehr Leben und Zusammenhang in die Darstellung gebracht. Außerdem hatte er, wie er es schon in dem Briefe andeutet, die Farben aufgefrischt und durch völlige Übermalung die früher fehlende Stimmung in das Werk gebracht.

In der Ausstellung von Georges Petit hatte das Publikum Gelegenheit, sich von den durchgreifenden Änderungen an dem Bilde zu überzeugen, das von hier direkt nach seinem Bestimmungsort übergeführt wurde. —

Eine kleine Anekdote knüpft sich an diese Ausstellung. Munkacsy hatte am ersten Tage eine ausgewählte Gesellschaft zur Besichtigung des „Arpad" in die Galerie Petit geladen. Ihm selber gefiel, als die Gäste schon teilweise versammelt waren, die Beleuchtung nicht, und da durch Wegnehmen von Vorhängen u. s. w. keine genügende Besserung zu erzielen war, ließ er kurz entschlossen eine Anzahl Fenster des Glasdaches einschlagen und erzielte dadurch die gewünschte Wirkung. Wie diese Episode von der Presse ausgebeutet wurde, läßt sich denken; man erzählte sich, sie habe sich folgenderweise zugetragen. Munkacsy ließ einen Glaser kommen: „Wieviel kostet jede Scheibe?" — „Acht Francs mit der Glaserarbeit." — „Schön, zerschlagen Sie fünfundzwanzig." — Ein Imperativ: „Zerschlage die Fensterscheiben", wurde gebildet und ein Journalist behauptete, Herr Petit zittere fortwährend, Munkacsy könne zur besseren Beleuchtung des „Arpad" die Niederreißung einer Mauer des Hauses oder die Verbreiterung der Rue de Sèze verlangen!

Die Arbeit hatte ihn, wie wir sahen, lange beschäftigt, mit peinlichster Genauigkeit hatte er die Volkstypen in Ungarn selbst studiert und nicht weniger als acht große Farbenskizzen und viele kleine Einzelstudien waren außer den von uns angeführten entstanden, ehe er das Werk selbst in Angriff nahm.

Und doch ist die Frage berechtigt, ob uns Munkacsy auf seinem „Arpad" wohl den richtigen Typus der damaligen Magyaren zeigt? Er gibt wohl eher die Mischrasse der heutigen Ungarn in seinen Arpadkriegern wieder. Ein Vergleich seines Gemäldes mit dem kleinen ebenfalls 1893 im Salon ausgestellten Bilde von G. Rochegrosse: „Plünderung einer gallo-romanischen Villa durch die Hunnen" ist mindestens interessant.

Daß die Hunnen — die Vorläufer und mongolischen Stammesverwandten der Arpadkrieger —, bei Rochegrosse sich nicht gerade durch Schönheit und edle Züge auszeichnen, ist wahr; dennoch dürften sie eher dem Bilde jener Originalmagyaren entsprechen, wie sie uns durch mittelalterliche Schriftsteller beschrieben werden, als die Munkacsyschen Figuren, unter denen wir die Köpfe der berühmtesten Ungarn unserer Zeit, des Schriftstellers Jókai, des Generals Türr und des Malers selbst finden. Munkacsy hat diesmal nicht nur als Künstler, sondern auch als Ungar gemalt, und wir werden es ihm nicht verdenken können, wenn er den Parlamentssaal seines Vaterlandes nicht mit schlitzäugigen Mongolen bemalen wollte! Mit der Arpadfigur selber waren übrigens die Ungarn nicht ganz zufrieden, sie behaupteten, es sei ein moderner Franzose — und hatten damit nicht ganz unrecht (vergl. Abb. 111).

Die Abgeordneten der unterworfenen Völker zeigen außer in der Kleidung und Haartracht kaum einen Unterschied von den Siegern; man könnte sie für Glieder derselben Rasse halten.

Den friedlichen Charakter des Bildes hat A. Rogier in einem Gedichte ganz gut wiedergegeben:

„Nous serons un seul peuple et de même patrie,
Ni vaincus ni vainqueurs, des frères, des amis,
Nous n'avons qu'un seul désir: Eljen pour la
[Hongrie!"

(Ein einzig Volk von gleichem Vaterlande,
Nicht Sieger, nicht Besiegte steh'n wir da;
Als Brüder, Freunde knüpfen gleiche Bande
Uns alle und ein Wunsch: Ungarn Hurra!)

Nur wenig Werke brauchen wir noch zu nennen. Besonderen Beifall fand Munkacsy auch als Porträtist. Wir erwähnen die Bildnisse von Franz Liszt (Abb. 117),

Abb. 96. Die rechte Hälfte des Arpadbildes. Nach der von Munkacsy mit der Feder verbesserten Photographie.

der Fürstin S... sowie der Frau B... (Abb. 109).

Außer der Kohlezeichnung (Abb. 119) besitzen wir nur ein ausgeführtes Selbstporträt Munkacsys: in dem „Atelier". Einmal hatte er sich, auf die Aufforderung der Stadt Florenz hin, gemalt; seine Gattin, die das

Abb. 97. Bleistiftstudie zu einem Louis XIII-Bilde.

in einem Vormittage fast fertig gewordene Porträt nichts weniger als schmeichelhaft und zu alt fand, machte ihm eine Bemerkung hierüber; Munkacsy schien sie richtig zu finden, denn eine Viertelstunde später hatte er das ganze Bild wieder ausgekratzt, und, was sehr zu bedauern ist, auch nie wieder begonnen.

Die Ausstellung bei G. Petit 1893 zeigte außer dem „Arpad" wieder mehrere kleinere Werke: „Der Bote" (ein Bild im Louis XIII Stil), „Familienglück", „Tiefer Kummer" und „Colpacher Parkscene"; sie zeigen uns, daß der Künstler auch jetzt noch während der anstrengendsten Umarbeitung des „Arpad" der alten Gewohnheit treu blieb, kleinere Werke, deren Gedanke einer augenblicklichen Stimmung entsprang, nebenher auszuführen. Ein Salonbild „Das Fest der Schloßherrin", das wohl auch in diesem Jahrzehnt entstand, führt uns Abb. 104 vor.

Eine Art Wiederholung des „Golgatha" bildet das für das Mausoleum des Grafen Julius Andrassy in Terebes bestimmte Gemälde: „Die heiligen Frauen zu Füßen des Kreuzes", eine ergreifende Darstellung der Kreuzigung (Abb. 107 zeigt den Christuskopf dieses Bildes); die Zuschauer sind bis auf die wehklagenden Frauen entfernt; es ist der Schmerz, der Kummer, der Jammer und die Mutterliebe, die Munkacsy in ihren verschiedenen Äußerungen, in ihrer ganzen Größe auf uns wirken läßt. (Die gleiche Scene in noch größerer Verkleinerung ziert den Flügelaltar eines Betstuhles von Frau von Munkacsy.) Ein anderes fast gleichzeitig mit dem vorigen fertig gewordenes Bild: „Vor dem Streik", das im Pariser Salon 1895 ausgestellt war, erlebte allerdings das nicht unverdiente Schicksal, von der Kritik wie vom Publikum abgelehnt zu werden. Munkacsy hatte sich in der Wahl des Stoffes, in der ganzen Auffassung der Scene geirrt, und wenn er einem Kritiker gegenüber bemerkte: „Dieses Bild gewährt mir persönlich die Genugthuung, meine künstlerischen Intentionen in der Ausführung möglichst verwirklicht zu sehen", so beweist das nur, daß Munkacsy sich ebenso gut in der Bewertung eines Werkes irren konnte, wie es einst, um ein bekanntes Beispiel zu nennen, sogar Goethe mit der „Natürlichen Tochter" gethan hatte. Man kann ruhig behaupten, daß die Arbeiterscene: „Vor dem Streik" jetzt außerhalb der Grenzen lag, die Mun- älteren Werken der Düsseldorfer und ersten Pariser Zeit bewiesen, daß er vorzügliche Menschenkenntnis und einen freien,

Abb. 98. Die Ballade. (Mit Genehmigung des Verlegers Ch. Sedelmeyer in Paris.)

kacsys Kunst gezogen waren. Nicht, als hätte der Maler es nicht wagen dürfen, ins volle Menschenleben der Gegenwart hineinzugreifen; Munkacsy hat in seinen sicheren Blick für das Volksleben besaß. In jenen Bildern aber gab er wieder, was er kannte, was er im Volke selbst studiert hatte — den Streik dagegen verdankte er faſt nur ſeiner **Phantaſie**. Die Zeiten waren jetzt vorbei, wo Munkacſy unbekannt im Volke ſelbſt ſeine Studien machen konnte; für den gereiften und ſchon kränklichen Mann waren alle Beziehungen zur Welt des Leihhauſes und der Vorſtadtkneipe, der Werkſtatt und Fabrik abgebrochen; er ſtand ihr jetzt vielleicht fremder gegenüber als einſt der feinen Geſellſchaft, und wenn er auch in den letzten Jahren noch ungariſche Dorfſcenen, Zigeuner und Bauern in der Pußtaſchenke auf kleineren Genregemälden dargeſtellt hatte, ſo iſt dabei ſtets zu bedenken, daß dieſe Scenen Erinnerungen ſeiner Jugendzeit bilden und ſich außerdem weder inhaltlich noch in der Anordnung bedeutend von ſeinen früheren Werken ähnlicher Art unterſcheiden, wenn ihnen auch die **Friſche** jener alten Bilder abgeht.

Bei dem Streikbilde dagegen mußte der Künſtler ſich in eine ihm unbekannte moderne Welt verſetzen; er mußte dieſe Arbeiter nicht nur in der Kneipe, auf der Straße, in der Werkſtatt geſehen haben, er mußte mit ihnen auch verkehrt haben, ihre Denkart kennen, ja einen Blick in den Socialismus der Gegenwart gethan haben, um ein richtiges Bild aus ihren Kreiſen zu treffen.

Das konnte Munkacſy nicht. Er dachte ſich die Scene, aber geſehen wird er ſie kaum haben, und mit Ausnahme von einigen wirklich glücklich getroffenen Typen iſt die ganze Darſtellung innerlich unmöglich, unwahr. Seine Arbeiter ſind wohl „Volk", aber von jenem Volke, wie wir es auf den Chriſtusbildern finden, „dramatiſches" Volk, um die Aufmerkſamkeit des Beſchauers auf einen Mittelpunkt der Handlung zu lenken, aber keine Arbeiterverſammlung. Es ſind keine modernen Menſchen, es ſind, wenn man will, perſonifizierte Charaktereigenſchaften; man merkt dem Künſtler die Abſicht an, möglichſt alle Leidenſchaften ſeiner Menge in den verſchiedenſten Abſtufungen zur Anſchauung zu bringen, durch künſtlich zuſammengeſetzte Perſonen eine dramatiſche Scene ſpielen zu laſſen.

Die Grenzen von Munkacſys Kunſt liegen dort, wo er ſich nicht mehr auf direkte Naturbeobachtung ſtützen kann. Sobald Munkacſy ins Spekulative verfällt, ſteht er höchſtens noch techniſch auf der ſonſt von ihm erreichten Höhe. Wir haben dieſe Beobachtung — wenn auch in geringerem Maße — ſchon bei den Genien des „Plafonds" gemacht, wir können ſie bei den kleinen, allerdings reizend ausgeführten Genreſcenen im Stile Louis XIII (Abb. 98) erneuern und beim „Streik" beſtätigt finden. — —

Die raſtloſe Arbeit hatte Munkacſys Geſundheitszuſtand immer mehr verſchlimmert; immer häufiger ſtellten ſich die trüben Ahnungen eines traurigen Endes ein. So ſchrieb er von Paris ſchon am 9. Juli 1887 an ſeine Gattin: „Wahr-

Abb. 99. Federſkizzen zum „Ecce homo". (Ein Jude.)

Abb. 100. Farbenstudie (Christuskopf) zum „Ecce homo“.
Original im Besitze von Frau C. von Munkacsy.

haftig, es ist kein großes Vergnügen, hier unten zu leben“, und am 3. Januar 1893: „Ich habe noch kein Pastell angerührt; nichts zieht mich zur Arbeit . . . das ist kein Leben mehr, immer so zu leiden! (c'est ne pas vivre que de souffrir toujours!)“

Und doch wies er jede Bitte, sich zu schonen, mit Entsagung zurück; war es doch auch wieder die Arbeit, die rastlose Thätigkeit, die ihn tröstete, seine Kunst, für die er lebte, und die den Inhalt seines Lebens bildete!

Schon jahrelang trug er den Gedanken an ein neues großes religiöses Bild, das Mittelstück seiner Christustrilogie, das „Ecce homo“. Wie früh der Plan entstanden ist, dürfte schwer nachzuweisen sein; auf jeden Fall war schon Anfang der neunziger Jahre eine Skizze des Gemäldes in halber Lebensgröße in seinem Pariser Atelier zu sehen. Jetzt nahm Munkacsy die Arbeit ernstlich in Angriff; zahllose kleine Studien, wie er sie zu jedem größeren Werke anfertigte, entstanden (Abb. 100), Modelle wurden gesucht und — für die Anbetracht der Ausdauer, mit der Munkacsy arbeitete, ein Zeugnis für seine Gewissenhaftigkeit darstellt.

Munkacsy hatte seinen Landsleuten versprochen, das „Ecce homo" diesmal nicht in Paris, sondern zum Millennium in Pest auszustellen; es mag aber als Beweis für die Beliebtheit, deren sich Munkacsy und seine Kunst in der französischen Haupt-

Abb. 101. Pastellskizze Munkacsys zu dem von ihm geplanten Napoleonbilde.
Nach dem Originale aus dem Besitze von Frau C. von Munkacsy.

Juden der biblischen Scene in einer Pariser Vorstadtsynagoge unter einer Schar israelitischer Auswanderer (Abb. 99) gefunden, deren Übersiedelung nach Argentinien Baron Hirsch damals veranlaßte. Das Gemälde machte so schnelle Fortschritte, daß schon Ostern 1895 ein Kritiker zu Munkacsy meinte, es ginge wohl seiner Vollendung entgegen. Der Künstler erwiderte allerdings: „Ich muß mich beeilen, wenn ich es in einem Jahre fertig haben will", eine Äußerung, die in stadt erfreuten, angeführt werden, daß, als der Künstler dem Drängen seiner Freunde nachgab und den Besuch seines Ateliers zur Besichtigung des fertigen Bildes dem Publikum erlaubte, innerhalb weniger Tage über siebentausendfünfhundert Personen von von dieser Vergünstigung Gebrauch machten!

Kritik und Publikum waren fast ausnahmslos begeistert, und der Künstler selber behauptete, „Ecce homo" wäre sein bestes Bild. Während er sonst sich nur schwer entschließen konnte, ein Werk als vollendet aus den Händen zu geben, sagte er diesmal, er sei vollständig zufrieden mit seiner Arbeit: „Meine ganze Kunst habe ich hineingelegt — ich habe gegeben, was ich geben konnte."

Wir verweisen hier auf die eingehende Kritik des Pariser „Monde" vom 30. März 1896, der nach des Malers eigener Ansicht sein Bild am richtigsten beurteilt hat, sowie auf die hübsche Analyse, die Boyer d'Agen in der Vorrede zu Munkacsys „Erinnerungen" von dem Werke gibt. —

Als sonderbares Beispiel dafür, wie verschieden das ist, was verschiedene Menschen aus der gleichen Darstellung herauslesen, seien aus ein paar Kritiken die Stellen herausgegriffen, die sich mit dem **Pilatuskopf** beschäftigen.

Einige finden ihn abschreckend und gemein, Boyer d'Agen nennt ihn einen „Kutscherkopf" und Kérohant im „Soleil" spricht von dem „Beamten mit ruhigem und nichtssagendem Gesichte ... keine Gefühle, keine Gedanken, keine Leidenschaften... Frech und hart für die Unglücklichen ... wird er kriechend den Reichen und Mächtigen schmeicheln. Übrigens ist er nicht bösartig, er ist nur niedrig und gemein." George Malet findet dagegen in der „Gazette de France", Pilatus habe „einen schönen römischen Kopf, geistvoll und markig und doch listig und gemein. Er ist voll römischer Verachtung für diese brüllende Judenbande." — —

Es sollte Munkacsys letztes Werk sein; er selber ahnte es und sprach es vor dem fertigen Bilde offen aus: er war müde. Wohl hatte er sich noch mit großen Plänen zukünftiger Riesengemälde getragen: Karl I. von England, der Abschied von seiner Familie nimmt, Napoleon I. und Pius VII. in Fontainebleau, als der Papst zum Kaiser sagt: „Comediante!" (Abb. 101), ein Gemälde aus dem Leben der Jungfrau von Orléans (auf dem Scheiterhaufen), sowie eine Scene aus der ungarischen Geschichte (der Vater tötet den Verführer seiner Tochter?). — Er sollte keins mehr beginnen! Wohl glaubte er nicht, daß er

Abb. 102. Michael von Munkacsy mit seiner Gemahlin.
Nach einer Photographie vom Jahre 1896.

dem Ende so nahe wäre, aber zum Schaffen verließen ihn die Kräfte. Noch hoffte er in einem anderen Wirkungskreise, in seinem Vaterlande zu genesen; er nahm die ihm schon früher angebotene Stelle eines Direktors der Königlichen Museen in Pest an und beschloß, noch im Jahre 1896 dauernd nach Ungarn überzusiedeln.

Der Besuch der Millenniumsfeier in Pest — (eine Photographie von ihm aus dieser Zeit siehe im Titelbilde und, mit seiner Gemahlin, in Abb. 102) —, bei der er den Mittelpunkt großartigster Huldigungen seiner Landsleute wurde, hatte ihn sehr angegriffen, wenigstens glaubte er, in diesen Aufregungen und Anstrengungen den Grund seines immer schlechter werdenden Befindens zu suchen; die Behandlung durch die berühmtesten Ärzte, sowie ein mehrmonatlicher Aufenthalt in Baden-Baden während des Frühjahrs 1896 brachten ihm keine Linderung; die Nervenüberreizung und Schlaflosigkeit nahm im Gegenteil immer mehr zu, und er ward sich der schrecklichen Wahrheit bewußt, daß er der schnellen Auflösung entgegenging. Gefaßt und im vollen Besitze seiner Geisteskräfte machte er sein Testament. Bald nach seiner Übersiedlung nach Colpach, von der die Ärzte den letzten günstigen Einfluß erhofften, brach die Krankheit aus.

Bald wurde seine Überführung in die Nervenheilanstalt zu Endenich bei Bonn am Rhein notwendig. „Hier werde ich sterben", sagte er zu dem Doktor, der ihm entgegenkam. Dort lebt er jetzt. Haar und Bart sind schnee-

ist noch künstlerisch vollendet und zeigt den düsteren Ausdruck eines kranken Menschen der sich seines Zustandes bewußt bleibt. —

Mehr und mehr aber schwinden sein Interesse an der Umgebung wie seine künstlerischen Fähigkeiten, doch kein unvernünftiges Wort — es möge hier ausdrücklich betont werden — kommt über seine Lippen. Seine Gedanken schweifen fortwährend in die frühe Jugendzeit zurück — zuweilen tauchen schwache Erinnerungen späterer Zeiten in ihm auf, dann summt er ungarische Lieder vor sich hin oder zeichnet mit müden Strichen den Holzschnitt einer illustrierten Zeitung ab.

Ein schreckliches Schicksal, das nur mit der Auflösung endigen kann! — —

Abb. 103. Selbstkarikatur Munkacsys, von ihm am 31. Dezember 1897 in Endenich gezeichnet und unterschrieben.

weiß, die Haltung gebeugt, und tief liegen die müden Augen in dem gefurchten Gesicht — das Bild eines Greises! So geht er schweigsam durch den Park, in dem auch Schumann während der letzten trüben Tage seines Lebens gewandelt ist; er spricht kaum, aber seine Verwandten erkennt er noch. Sein Leben scheint ihm still zu stehen, unter die Unterschrift fügt er stets dasselbe Datum, den 16. Februar 1896. Seine Selbstkarikatur, die er in der ersten Zeit des dortigen Aufenthaltes zeichnete (Abb. 103),

XIII.

Es ist wirklich schade, daß Munkacsy sich so selten über seine eigene Kunstanschauung geäußert hat; auch sein Briefwechsel ist, soweit er mir bekannt wurde, für den Kunsthistoriker fast nur zur chronologischen Festlegung seiner Bilder zu verwerten, verhilft uns aber nicht dazu, Munkacsys Werke einmal mit seinen Augen betrachten zu können.

Seine „Erinnerungen" hätten vielleicht in ihrer Fortsetzung, wenn der Maler dazu gekommen wäre, einigen Aufschluß über seinen künstlerischen Standpunkt und sein künstlerisches Wollen gegeben; in vorliegender Form bringen sie außer kleinen Andeutungen ebensowenig sichere Aufklärungen über diese Frage wie die wenigen Reden, die er in seinem Leben gehalten hat (Munkacsy war kein Redner; er sprach ungern und sehr selten. Wer ihn aber öffentlich sprechen hörte, war erstaunt, nicht nur über den Inhalt, sondern auch über die geistreiche Form, in die er seine Reden kleidete). Munkacsy gehörte aber auch nicht — und wir müssen es fast bedauern — zu jenen großen Män-

Abb. 104. Das Fest der Schloßherrin. (Mit Genehmigung des Verlegers Ch. Sedelmeyer in Paris.)

nern, die sich gern interviewen lassen. Zudringlichen Journalisten gegenüber konnte er ganz sarkastisch und zuweilen sogar grob werden.

Ein naives Zugeständnis eines Abgewiesenen besitzen wir in einer Pariser Zeitungskorrespondenz eines ungarischen Berichterstatters: „Munkácsy … mag bei aller Freundlichkeit und besonders Kompatrioten gegenüber hervorbrechenden Herzlichkeit (so!) über sich selbst und sein eigenes Denken und Fühlen, seine Specialgeschichte überhaupt nicht gern Worte verlieren, obgleich doch jedermann im Gespräch mit Munkácsy Aufschlüsse und Kommentare des Meisters über sich selbst als das Interessanteste auf jede Weise hervorzulocken bestrebt war." (!!)

Daß dieser Herr mit den eigenartigen Anschauungen von der Berechtigung der Neugierde sich eine Abfuhr des Künstlers zuzog, ist erklärlich, daß er dieselbe aber selbst glücksstrahlend seinem Publikum vermeldet, zeugt immerhin von einer gewissen — Dickfelligkeit. Er fragt nämlich vor dem Kreuzigungsbilde den Maler: „Ist dieser traurige weiße Rabbi nicht Hillel, der einstige Lehrer Christi?" Munkácsy soll darauf „mit dem bei ihm gewohnheitsmäßigen Lächeln unnachahmlicher Bescheidenheit" geantwortet haben: „Es ist gewiß möglich" (!!).

Ja, ja, dieses Lächeln! Unnachahmlich war es allerdings und bei etwas Taktgefühl auch — verständlich! —

Wenn wir nun im allgemeinen zur Kennzeichnung von Munkácsys künstlerischem Glaubensbekenntnis auf seine Werke allein angewiesen sind, dürfen wir doch nicht die kleinen Äußerungen, die der Maler gelegentlich über seine Kunstauffassung gethan hat, übersehen; zumal, wenn wir wissen, daß er kein oberflächlicher, schwatzhafter Charakter war und daß jedes seiner Worte genau das ausdrückte, was seiner innersten Überzeugung entsprach.

Den Künstlerberuf faßte er, wie wir sehen konnten, tiefernst auf; mit jeder Faser seines Herzens hing er an ihm, jeder Augenblick seines Lebens war ihm gewidmet; die Jugend mochte freudlos dahingegangen sein — jetzt hatte er keine Zeit, die versäumten Genüsse nachzuholen.

Einer Dame schrieb er einst ins Album:

„Pour être peintre ayez du cœur et de la couleur." Zuerst also Gemüt, Liebe zur Kunst, ein weiches, empfängliches Herz — und dann erst die sichere Hand; zuerst Empfindung, dann Talent.

Wenn Munkácsy vom Künstler „Herz" verlangte, so konnte er selber in dieser Beziehung als bestes Beispiel genannt werden. Überhaupt drücken seine gelegentlichen Aphorismen, wenn sie sich auf ihn oder seine Kunst bezogen, nicht wie bei so vielen anderen Menschen das aus, was er hätte sein mögen, sondern, was er wirklich war. Schon im gewöhnlichen Sinne des Wortes war er weichherzig, gemütvoll und mitleidig. Arme Kollegen, sowie Landsleute, die sich um Hilfe an ihn wandten, konnten auf seine Unterstützung zählen, und nie vergaß er die Dankbarkeit, die er verschiedenen Personen aus der Zeit des Beginnes seiner künstlerischen Laufbahn schuldig zu sein glaubte, diskret und reichlichst zu bekunden. Daß es ihm beschieden war, neben diesen allgemein menschlichen Eigenschaften auch eine herrliche künstlerische Auffassungsgabe ins Leben mitzunehmen, daß er sich nie von seinen alten Idealen zu Gunsten einer neuen, modischen „Richtung" abgewandt hat, konnten wir schon verschiedentlich bemerken.

Es ist interessant, Munkácsys Geschmack in Kunst, Litteratur und Musik zu beobachten: Rembrandt sagte ihm besonders zu, überhaupt schien er in Malerei die Niederdeutschen den Italienern vorzuziehen; Belasquez unter den Spaniern, Knaus unter den Deutschen, de Neuville und Détaille von den Franzosen bevorzugte er. Meissonier gefiel ihm in einigen Werken, doch fand er die so peinlich genaue Ausführung zu „photographisch". Den Franzosen erkannte er überhaupt sehr viel Talent zu; man vergleiche auch seine Worte, die er bei dem ihm zu Ehren in Paris am 21. Januar 1881 gegebenen Bankett als Dank auf den Toast des Grafen Beust erwiderte:

„Als ich nach Paris kam, besaß ich nur die ersten Keime eines Talentes, das Sie in Ihrer Nachsicht mir zuerkennen. An der glühenden Sonne der französischen Kunst hat es sich entwickeln und reifen können, hat es die nötige Wärme zum Wachstum gefunden." — In der Litteratur waren Petöfi und Arany seine ungarischen, Victor Hugo, Musset und Pailleron seine französischen und Schiller der deutsche Lieblingsdichter. Goethe, dessen Größe er keineswegs verkannte, wurde ihm zur Lektüre doch zu schwer. Hauptsächlich mißfiel ihm in der Malerei die Richtung Manets, dagegen machte er keine oberflächliche Unterscheidung zwischen Realismus und Idealismus, wie er denn Uhdes Werken trotz ihres „realistischen" Charakters vollen Beifall zollte.

Munkacsys persönliches Verhältnis zu anderen Künstlern war das denkbar beste, wenigstens kann man ihm selber niemals den Vorwurf der Unkollegialität machen. Munkacsy besaß die größte menschliche Eigenschaft, die ein Künstler haben kann: eine wirklich unbedingte Neidlosigkeit!

In Zeitungsnachrichten war seiner Zeit versucht worden, einen persönlichen Gegensatz zwischen ihm und Makart zu konstruieren; von Munkacsys Seite war auf jeden Fall nichts geschehen, um auch nur einen Verdacht in dieser Hinsicht aufkommen zu lassen. Makart wurde jedesmal, wenn er nach Paris kam, von seinem Kollegen mit offenen Armen empfangen und hat unseres Wissens sich gleichfalls stets in liebenswürdiger Weise Munkacsy gegenüber gezeigt.

Eine Briefstelle aus einem Schreiben Munkacsys an seine Frau schildert den Eindruck, den Makarts Tod auf ihn machte:

„... Im Laufe des Nachmittags erhielt ich die Depesche von Sedelmeyer, die mir den Tod des armen Makart meldet. Du magst Dir vorstellen, wie diese Nachricht mich gepackt und erschüttert hat, trotzdem ich keine große Hoffnung mehr für die Zukunft des armen Freundes hegte. Ich war aber weit davon entfernt, eine so plötzliche und so traurige Auflösung zu erwarten. Bald wird

Abb. 105. Federskizze zum „Arpad".

er nur noch der Geschichte und der Nachwelt angehören, die ihn für allen Ekel des Lebens trösten wird."

Mit Meissonier verkehrte Munkacsy allerdings nicht, doch ohne eigene Schuld: Meissonier hatte ihn nach dem großen Erfolge des „Verurteilten" liebenswürdig beglückwünscht und ihn zum Besuche seines Ateliers eingeladen. Man erinnert sich, daß bald darauf der Krieg zwischen Deutschland und Frankreich ausbrach, dessen Verlauf Munkacsy in Düsseldorf abwartete.

Als nach dem Friedensschlusse Munkacsy nach Paris übergesiedelt war, traf er eines Tages seinen französischen Kollegen beim Bilderhändler Goupil und wollte ihm zur Begrüßung die Hand reichen. Zu seinem größten Erstaunen ignorierte ihn aber Meissonier in beleidigender Weise. Später stellte sich heraus, daß er ihn für einen — Deutschen gehalten hatte! Munkacsy verzichtete allerdings nach diesem eigentümlichen Empfange auf einen weiteren Verkehr mit dem zuweilen etwas bizarren französischen Meister. —

Es ist gut, auch derartige Episoden richtig zu stellen, ehe sie in verzerrter Form der Nachwelt überliefert werden können.

Impressionismus in Kunst wie in Litteratur war ihm zuwider. In einem humoristischen und doch ernsten Briefe vom November 1895 an seine Gattin, worin er seine Unterhandlungen mit einem Abgesandten der ungarischen Regierung wegen seiner völligen Übersiedelung nach Pest erzählte, schrieb er:

„... Ich will Dir einen diplomatischen Überblick von meinem Gespräche mit dem hohen Herrn geben. Zunächst fragt er ganz ängstlich, was mich in der patria glücklich machen könnte, daß man den Titel eines Inspektors der schönen Künste mit allen Ehren und dem Gehalte eines Ministers vorschlage, vollständige Einrichtung eines Harems, um den Ruhm des Genies zu besingen, um seinen Schlaf zu versüßen und — um keinen Preis würde man irgend einen wirklichen Verwaltungsdienst verlangen, der seine künstlerischen Traumgebilde stören und ihn aus seinem lieben Asphalt herausreißen könnte — ... Nicht wahr? Welche Zukunft! Ich aber habe den schönen Traum kurz unterbrochen und ihm gesagt, man möge mir eine Akademie geben, wo ich der Herr wäre und die ich so leiten könnte, daß die Überflutung des Impressionismus abgeschnitten oder wenigstens gehemmt würde. Ich habe meine Gedanken darüber ein wenig entwickelt ..."

Für Munkacsys Ansichten über die Berechtigung des Häßlichen in der Kunst ist ein Ausspruch bezeichnend, den er einst in Gesellschaft machte. Es war die Frage aufgeworfen worden: „Was ist schön?" Munkacsy, der der Unterhaltung mit Interesse, aber schweigend gefolgt war, gab plötzlich die Antwort: „Alles ist schön, was wahr und Charakter ist." Wenn man diese Definition vielleicht auch nicht für allgemein gültig annehmen will, für Munkacsys Kunst paßt sie auf jeden Fall.

Er stand der Natur objektiv gegenüber, alles war ihm der Beobachtung wert, aber nur das gab er künstlerisch wieder, was charakteristisch war, was sich aus dem Rahmen des Alltäglichen derart abhob, daß es in richtiger Darstellung auch Interesse bei den übrigen Menschen finden konnte. Es war dem Künstler gleichgültig, woher er den Stoff nahm — seine Bilder zeigen uns alle Schichten, alle Klassen des heutigen Volkes vertreten, sie führen uns in die Zeiten Christi, Arpads, der Renaissance und Miltons zurück — die Handlung ist zuweilen überaus einfach, und doch wissen uns die Darstellungen zu fesseln, sei es durch die lyrische Stimmung, sei es durch den dramatischen Geist, der aus ihnen spricht.

Munkacsy versuchte aber auch alles in seine Werke hineinzulegen, was in seinen Kräften stand. Wie ungern entschloß er sich, ein Bild aus den Händen zu geben; so wurden die beiden ersten Christusbilder nur deswegen nicht im Salon ausge-

Abb. 106. Federskizze zum „Arpad".

Abb. 107. Christuskopf. Nach einer Farbenstudie aus dem Besitze von Frau C. von Munkacsy.

stellt, weil er, trotzdem sie vollendet schienen und schon unterzeichnet waren, immer und immer wieder an ihnen verbesserte. (Munkacsy wollte den „Christus vor Pilatus" im Salon 1881 ausstellen und erbot sich, als er in der reglementarischen Zeit nicht fertig wurde, 50 000 Francs in die Armenkasse zu zahlen für das Recht, einige Tage später zu kommen. Es wurde ihm abgeschlagen, da die Jury keine Ausnahme machen durfte.) Kam es ihm doch öfters vor, daß er ein verkauftes und unterzeichnetes Gemälde vom Bilderhändler zurückholen ließ, um es völlig umzuarbeiten.

Munkacsy übte an seinen eigenen Werken während der Arbeit eine strenge, zuweilen vielleicht übertrieben strenge Kritik, und zuweilen konnte ihn nur das übereinstimmende Urteil seiner Kollegen und Freunde von unbesonnenen Änderungen prächtiger Stellen abhalten.

„Was sind das doch für glückliche Menschen," sagte er einmal von einem anderen Maler, „die einem ihr neuestes Bild mit den Worten zeigen: Sehen Sie 'mal, ist das nicht hübsch, was ich heute da gemacht habe!" — Als man in der Ausstellung seinen „Milton" lobte, bemerkte er mit feinem Lächeln: „Ja, die Fehler hat man eben noch nicht gesehen!", und doch war „Milton" mit „Mozart" und dem „Ecce homo" seinem eigenen Ausspruche nach sein bestes Bild!

Das angeborene „Talent" als solches erkannte Munkacsy nicht unbedingt an; er hatte darin eigentümliche Anschauungen. In seinen „Erinnerungen" macht er sich über die „Wunderkinder" lustig:

„Ich muß stets lachen, wenn mir ein Vater sein Söhnchen mit den Worten zeigt: Er ist außerordentlich begabt, mit fünf Jahren zeichnete er schon und wollte sich um keinen Preis in die Schule schicken lassen. Es beweist das höchstens, daß das gute Kind eben lieber spielte. Bei mir war es auch nicht anders."

Wenn Munkacsy darin wohl auch zu weit geht, liegt doch in dieser Auffassung des Künstlers viel Wahrheit. Er fand nach eigenen Aussprüchen in jedem Maler, auch dem unbedeutendsten, Talent, er fragte nur: Was kann der Mann daraus machen, und zur Beantwortung dieser Frage sah er sich dann nicht nur das Herz, sondern auch den Charakter des Betreffenden an. Seine eigenen alten Bilder hielt er ja für so schlecht, daß er als Kritiker ihrem Autor jegliche Zukunft abgesprochen hätte — und doch hatte er sich zum großen Künstler entwickelt. „Seine ganze Schule," sagt Boyer d'Agen treffend, „war ein starker Wille und ein feuriges Temperament, das sich diesem unterwarf."

Der unbegüterte Künstler unserer Tage darf sich inmitten des rücksichtslosen Kampfes ums Dasein, inmitten des verführerischen Genußlebens nicht mehr auf das Fatum verlassen: ein Genie ringt sich doch durch! Heute handelt es sich darum, trotz aller Hindernisse nicht vom geraden Wege strammer, ununterbrochener Arbeit abzuweichen und stets das Ziel im Auge zu behalten. Daß nur der Charakter sich im Strome der Welt bildet und das Talent in der Stille, ist nicht mehr zutreffend. Munkacsy wenigstens faßte beides zusammen: nur ein Talent, das auch in den Lebensstürmen sich zu entwickeln imstande ist, das durch einen festen Charakter unterstützt wird, kann den Künstler zum Siege führen. War er selber doch das beste Beispiel dafür! Er kannte die Schwierigkeiten, die es den Armen, den Unbekannten kostet, zur verdienten Anerkennung zu gelangen; er kannte aber auch die gewiß noch größere Schwierigkeit, auf der Höhe nicht schwindelig zu werden und ruhig das blendende Sonnenlicht des Erfolges zu ertragen.

Eines Tages legte ich ihm die Studien und Skizzen eines jungen Mannes vor, der ihn um sein Urteil bat. Munkacsy betrachtete sie lange, dann sagte er auf meine Frage, ob er nach den vorgelegten Proben dem Künstler eine Zukunft prophezeien könne, sehr ernst: „Talent hat er genug, um das Höchste zu erreichen, das Größte zu leisten; dennoch kann ich ihm nicht einmal raten, Künstler zu werden, viel weniger, eine Zukunft prophezeien, denn — ich kenne seinen Charakter nicht."

Munkacsy faßte seine eigene Sendung sehr hoch auf. Zu dem Bestreben, selber etwas Tüchtiges zu leisten, gesellte sich in den späteren Lebensjahren der Wunsch, seinem Vaterlande nach Maßgabe seiner Fähigkeiten zu dienen, seinem Vaterlande eine Kunst zu geben. Vielleicht empfand er diesen Wunsch zuerst bei seiner ungarischen Reise 1882, wenigstens erzählte er nach seiner Rückkehr einem Pariser Journalisten:

„Während der drei Wochen, die ich dort zubrachte, vergingen keine zwei Tage, ohne daß nicht junge ungarische Maler mich aufgesucht hätten, um mich wegen ihrer Zukunft zu befragen und zu bitten, ihnen mit Rat und That beizustehen. Der Pester Kunstverein hat gegen vierzig neue Mitglieder aufgenommen, und verschiedene Anfänger konnten ihre Bilder zu guten Preisen an Kunstliebhaber verkaufen ... Das ist der wirkliche Erfolg meiner Reise; ich habe der Kunst meines Landes einen Anstoß gegeben ..."

Anfangs bemühte er sich, weiter in diesem Sinne zu wirken, eine ganze Anzahl junger Maler, namentlich Ungarn, arbeiteten in seinem Atelier, doch sollte er an seinen Schülern keine solche Freude erleben, daß

Abb. 108. Federskizze zum „Arpad".

Abb. 109. Damenporträt.

er weitere derartige Versuche unternehmen wollte. Dennoch hatte er vor, nach der völligen Übersiedelung in Ungarn seinen ganzen Einfluß zu gunsten einer „ernsten Kunst" in die Wagschale zu werfen. — Munkacsy war in dem eigentümlichen Falle unseres Chamisso; er hatte eine doppelte Heimat. Mit ganzer Seele war er Ungar und liebte sein Vaterland: „Meine Seele," rief er bei dem Pester Bankett 1882 aus, „meine Seele wurzelt mit tausend Fasern in diesem heiligen Vaterlande, und jeder Schlag meines Herzens, jeder Wunsch meiner Seele vereinigt sich in dem einen Streben, durch meine Fortschritte im Auslande die ungarische Kunst zu fördern und zu heben." Und doch liebte er auch Paris, „diesen geistigen Mittelpunkt", wie er in seiner schon erwähnten Pariser Rede 1881 sagte, „diesen geistigen Mittelpunkt, der nirgends sonst wo existiert. Das gastliche Paris liebe ich wie ein zweites Vaterland; hier habe ich die letzten, schönsten Jahre meines Lebens verbracht, ihm verdanke ich meine Erfolge und meinen Ruhm."

So ist es erklärlich, daß der Abschied von Paris ihm sehr schwer wurde, als er den Plan faßte, als gereifter Mann ein neues Feld der Thätigkeit in seiner Heimat zu suchen. Wir wissen, daß seine Krankheit ihn von der Ausführung seines Vorhabens abhielt.

Wäre es ihm sonst wohl gelungen, die

Abb. 110. Federskizze zum „Arpad". (Ein Reiter.)

ungarische Kunst zu heben? Wohl kaum. Munkacsy gehört zu jenen Individualitäten, die anregen, aber nicht führen können, die man bewundern, aber nicht nachahmen soll. Sein Beispiel höchstens konnte wirken, nicht seine Lehre. Ihm sollte es nicht beschieden sein, das erste Glied einer Kette zu bilden, er stand einsam, wie ohne Lehrer, so ohne Schüler, nur wenige unbedeutende Epigonen ziehen hinter ihm her. — Das hindert natürlich nicht, daß er einen guten Einfluß auf andere Maler gehabt hat, die Selbständigkeit genug besaßen, ihre Eigenart sich zu bewahren und nicht in „Munkacsymanier" zu verfallen. In diesem Sinne hatte denn auch F. von Uhde recht, wenn er 1888 am 25. Mai dem Meister aufrichtig schrieb:

„Wenn Sie in der That finden, daß ich Fortschritte gemacht habe, so danke ich es Ihnen vor allem, denn Sie haben zuerst meine Aufmerksamkeit auf die wirklichen Dinge, auf die Natur gelenkt. Immer werde ich dankbar und stolz darauf sein, Ihr Schüler gewesen zu sein ..." (Original französisch.)

Herr von Uhde hatte die Liebenswürdigkeit, mir Näheres über sein Verhältnis zu Munkacsy mitzuteilen; er bestätigte dabei das eben Gesagte: „Gewiß, Munkacsy habe ich von allen Malern am meisten zu verdanken. Ich war nicht mehr jung, als ich mich entschloß, zur Malerei überzugehen, und der Anfang wurde mir schwer; überall aber, wo ich Kollegen um Rat fragte, erhielt ich die stereotype Antwort: ‚Studieren Sie die alten Meister, da werden Sie sehen, wie man es machen muß'. Munkacsy zuerst wies mich auf die Natur, d. h. er lehrte mich die Natur sehen. Ich war überhaupt nicht daran gewöhnt, mir die Dinge in der Natur anzuschauen; wollte ich z. B. nur einen Stuhl malen, so erfand ich mir eher einen, als daß ich ihn mir in der Wirklichkeit angeschaut hätte.

Munkacsy zeigte mir, wie einfach die

Abb. 111. Kopf des Arpad.
Nach einer Federzeichnung Munkacsys auf einem Briefbogen.

Sache war, wenn man die Dinge nach der Natur abmalte. Korrigiert hat er eigentlich nie — er malte das Falsche lieber gleich von neuem, aber gerade dadurch lernte man, wie es gemacht wurde.

Seine Manier hatte etwas ungemein Bestechendes; es war schwer, ihm nicht zu folgen, und, wenn ich jetzt ja auch in eine ganz andere Richtung gekommen bin, so zeigen doch meine älteren Bilder eine Abhängigkeit von Munkacsy.

Abb. 112. Damenporträt.
Nach dem Originale im Besitze von Frau Hauptmann C. Barnewitz geb. Ilges in Köln a. Rh.

Zuweilen ist mir sogar der Gedanke gekommen, ob es richtig von mir war, so weit von Munkacsys Malweise und Auffassung abzuweichen so gut erscheinen mir jetzt noch einzelne, Studien, die ich seiner Zeit unter seinem Einflusse gemalt habe." —

Aus dem Inneren selbst heraus muß der Ruf nach Besserem, Höherem, nach Kunst dringen, sonst weckt die schlummernden Kräfte keine Stimme, und wenn sie des Größten wäre. Wir leben in gärender Zeit; Erholung sucht das Volk im Genuß und nicht bei den Musen. So übersteigt es Menschenkraft und Menschenwillen, ein Zauberreich aus dem Nichts zu schaffen. Talente werden genug geboren, wer aber hat den Mut, das Kreuz der Entsagung auf sich zu nehmen und den Dornenpfad auf die vergessene Höhe zu klimmen? Munkacsy hatte es gethan; seinem Werk mag die Nachwelt in dem Buche der Kunst den gebührenden Platz anweisen, als Vorbild aber, hoch über dem Gewühl des Tages steht uns sein Charakter, sein Herz und sein Wille. —

XIV.

Wie malte nun Munkacsy? Seine Technik war sehr einfach, und auch den letzten Bildern merkte man noch etwas von „Szamossys Methode", die wir früher geschildert haben, an.

In die Skizzenbücher oder auf lose Blätter, Briefbogen, selbst auf Zeitungspapier wurde der erste Gedanke zu einem Bilde als Croquis hingeworfen, meist für den Laien völlig unverständlich, ein wirres Durcheinander von Linien, kreuz und quer, Andeutungen über Farbenverteilung schon enthaltend, die nur dem Auge des Malers sich entzifferten. (Vergl. dazu die vielen Abbildungen, z. B. Nr. 66, 105, 106, 108, 110, 113, 114, 115 und 120.)

Eine kleine Farbenskizze entstand dann, wenigstens zu den größeren Werken, zuweilen auch ein Karton auf dem dem Künstler die Anordnung der Personen leichter wurde. (Vollständig in Kohle ausgeführte und mit weißen Lichtern retouchierte Kartons scheint Munkacsy noch im Anfange seines Pariser Aufenthaltes zu allen Bildern ausgeführt zu haben.) Die Zeichnung übertrug er dann mit Kohle auf die Leinwand, einzelne Farbenkleze zeigten ihm die zukünftige Farbengebung, namentlich den Gegensatz von Hell und Dunkel an. Dann erst begann das eigentliche Malen.

Munkacsy hatte die Gewohnheit, in einer Sitzung stets ein Stück des Gemäldes vollständig zu vollenden. Nie arbeitete er an derselben Stelle mehrmals; merkte er, daß ihm irgend etwas nicht gelungen war, so wurde meist die ganze Tagesarbeit wieder ausgekratzt und am folgenden Morgen von neuem begonnen. Mit ganzer Seele war er bei der Arbeit. „Es ist interessant," erzählte mir Herr von Uhde, „ihm zuzusehen. Bei der Untermalung schwelgte er geradezu in seinem ‚bitume' (Asphalt) — manchmal sah er aus, wie ein Anstreicher, die Hemdärmel aufgeschürzt, immer größere Pinsel wurden genommen, es ging so schnell, daß man kaum folgen konnte, bis ihn endlich die Ungeduld packt, und er mit voller Faust in den Farbtopf greift und, bespritzt bis zum Ellenbogen, mit — der Hand weitermalt! Dann war er in seinem richtigen Feuer." Er war nicht von Stimmungen abhängig, d. h. er hatte wohl zuweilen einen „schlechten Tag", ließ aber niemals die Laune des Augenblicks Herr über sich werden; unbekümmert um den voraussichtlichen Erfolg begann er Tag für

Abb. 113. Federskizze zum „Arpad".

Tag die Arbeit, unermüdlich fing er zwei-, drei-, viermal dieselbe Stelle wieder an, bis er sein Bestes gegeben zu haben glaubte, eine Eigenschaft, die er wohl nicht mit allen Künstlern teilen mochte.

So war denn auch die Zeit, die er auf ein Bild verwandte, trotz stets gleichbleibender, täglicher Arbeitsleistung je nach Gelingen oder Nichtgelingen außerordentlich verschieden. Zuweilen kam es vor, daß ein nicht zu großes Werk in einem Tage fertig wurde, wie er z. B. das in Abb. 112 reproduzierte Damenporträt in einem halben Nachmittag vollendete — der Kopf Miltons wurde sogar in einer halben Stunde vollständig gemalt! —, zuweilen beschäftigten ihn scheinbar unbedeutende Einzelheiten wochenlang. Zu den großen Gemälden der letzten Jahre fertigte Munkacsy stets größere Farbenskizzen an, die fast fertig von ihm ausgeführt und dann erst auf die Leinwand des Originalbildes übertragen wurden. So wurde „Arpad" und ebenso „Ecce homo" zur Beurteilung der Gesamtwirkung von Munkacsy in circa einem Viertel der späteren Größe entworfen; das Gleiche hatte er bei den früheren Christusbildern und dem Plafond in anderem Maßstabe gemacht; außerdem entstanden stets die schon genannten kleinen Skizzen. Der Grundgedanke des späteren Bildes tritt gerade auf diesen prächtig hervor. Wir verweisen auf die hübsche Beschreibung, die Boyer d'Agen von der Skizze zum „Ecce homo" gibt: „Es ist ein Bildchen in Miniaturformat. Bei Betrachtung desselben begriff ich erst den Grundgedanken, den Munkacsy in seinem Bilde vor allem zum Ausdruck bringen will und den er auf der größeren Leinwand weiter ausgeführt hat. Auf der Skizze findet aber nur der Grundgedanke Platz; eine einzige Idee hat ihn beherrscht. Fluchwürdige Arme, rohe Fäuste, gekrümmte Finger recken sich nach dem

Abb. 114. Federskizze zum „Arpad".

Opfer; sie wollen es haben wie die Schakale der Wüste ihre Beute. — Kreuziget ihn! Kreuziget ihn! Man sieht nichts als Arme, Hände und Finger von einem Ende der Leinwand zum anderen; die Körper sind nicht zu erkennen, sie sind wie weggeweht durch den einen Schrei, den der Künstler wiedergeben will — Kreuziget ihn!"

War die erste Kohlenskizze fertig, so begann der Künstler seine Modelle zu suchen; von den Hauptfiguren, von einzelnen markanten Köpfen oder Gruppen wurden dann — je nach Wichtigkeit und Schwierigkeit der Darstellung, aber immer nach Modell — besondere Studien (Abb. 72 und 107 z. B.) angefertigt.

Boyer d'Agen hat aber hier mit seiner Charakterisierung Munkacsyscher Malweise entschieden unrecht. Er schreibt:

„Wie die Taube der Schöpfung über dem Chaos schwebte, so streifen seine Gedanken über einen Vorwurf im ersten rohen Zustande. Munkacsy sucht seine Modelle nicht — er findet sie überall auf seinem Wege .... Seine Akademie, sein Lehrmeister und seine ganze Kunst ist die Straße .... Unterwegs setzen sich die Bestandteile eines Stoffes zusammen, und die Modelle treten ihm klarer vor Augen, er braucht nur ins Atelier zurückzukommen und sein im Geiste fertiges Bild auf einen Fetzen Leinwand zu werfen — zuckend und lebensvoll. Sogar die Bewegungen, die augenscheinlich am meisten Mühe kosten, wurden auf den ersten Wurf in warmen Farben endgültig hingeworfen. Die Skizze ist so zum Bilde selbst geworden...."

So hat Munkacsy nie gearbeitet. Woher der erste Gedanke eines Bildes kam, mag dahingestellt sein, ob er es im Geiste concipierte oder der Natur abgelauscht hat, ob er induktiv oder deduktiv vorging, wagen wir nicht zu entscheiden; so viel ist aber sicher, daß Munkacsy viel zu sehr von

Boyer d'Agen erzählt, daß der ganze „Christus vor Pilatus" in einem einzigen Tage auf der großen Leinwand (sieben Meter breit und fünf und einen halben Meter hoch!) komponiert, gezeichnet und untermalt worden sei! Dabei hatte aber Munkacsy zu diesem Werke nicht weniger als fünfzehn große farbige Einzelstudien, darunter allein vier Hauptskizzen zur Christusfigur angefertigt; die Komposition war eben vorausgegangen und die Übertragung der einfachen Umrißzeichnung

Abb. 115. Kompositionsskizze zu einem Louis XIII-Bilde („der Bote").

der Unmöglichkeit, die Natur „im stillen Kämmerlein" aus dem Kopfe darzustellen, überzeugt war, als daß er in diesen Skizzen, die er teilweise beim Lampenlicht anfertigte und nur als Hilfsmittel, nicht als Kunstwerke betrachtete, etwas anderes als die allgemeine Gruppierung sowie allenfalls die Grundstimmung des zukünftigen Gemäldes hätte niederlegen wollen. Im Bilde selbst sowie in den Einzelstudien und größeren Skizzen wurde fast alles nach Modell gearbeitet. Wie peinlich Munkacsy hierbei verfuhr, möge das eine Beispiel zeigen, daß er das Klavier in seinem „Mozart" und das Kreuz im „Golgatha" besonders anfertigen ließ!

auf die Leinwand eine fast mechanische Arbeit, die Munkacsy denn auch bei manchen Bildern seinen Schülern überließ oder, wie viele seiner Kollegen, mittels eines Projektionsapparates bewerkstelligte. Die eigentliche Malerei begann erst nachher. Auch beim „Golgatha", von dem Boyer d'Agen behauptet, „als einzige Skizze" dazu hätte dem Meister „ein Blatt Conceptpapier" gedient, wissen wir, daß außer drei großen farbigen Entwürfen zahlreiche fertig gemalte Studien zu einzelnen Gruppen und Figuren vorhanden waren. „Das ganze Atelier," schreibt ein Kritiker zu dieser Zeit, „ist voll der zahlreichen, variierenden Ölskizzen zu den einzelnen Gestalten, doch am

Abb. 116. Eingang zum Colpacher Park. (Gemälde von Muntacsy.) (Mit Genehmigung des Verlegers Th. Sedelmeyer in Paris.)

zahlreichsten sind die mannigfaltigen Luftskizzen, welche als Vorstudien zu der realistischen orientalischen Gewitteratmosphäre dienen."

So ist denn auch keinerlei Gegensatz vorhanden zwischen der Malweise der früheren Bilder und des letzten „Ecce homo", wie ihn Boyer b'Agen zu konstruieren sucht: „Wie aber mußte er bei dem dritten seiner großen Gemälde, dem „Ecce homo", die einzelnen lebendigen Stücke zusammensuchen, wie mußte er die Anordnung der tragischen Gruppen ausstudieren, und welche Kenntnis dramatischer Landschaften..... setzte gerade dieses Bild bei ihm voraus!"

Munkacsy hat immer in gleicher, peinlich genauer Weise gearbeitet. Man muß seine zahlreichen Skizzenhefte durchblättern, um zu sehen, wie ein Gedanke in allen möglichen Formen durchgearbeitet wird, ehe er reif ist, auf die Leinwand gebracht zu werden. Hier läßt Munkacsy seine Phantasie spielen, mit Strichen, die nur für ihn einen Sinn haben, da er auch beim Zeichnen nicht Linien, sondern Farben sieht.

Wieviel Mühe kosten ihn nicht diese so einfach, so natürlich, so selbstverständlich aussehenden Stellungen, gerade weil er sie so einfach, so natürlich haben will, wieviel Mühe kostet ihn nicht die zwanglose Gruppierung, gerade weil sie zwanglos sein soll! Dutzende kleiner Krokis zeigen kleinere und größere Abänderung in der Haltung einer einzigen Person. Sogar bei Porträts waren diese Vorarbeiten zuweilen außerordentlich umfangreich, ehe er die passendste und vorteilhafteste Stellung gefunden hatte.

So können wir wohl ruhig das Märchen korrigieren, Munkacsy habe „Visionen" gemalt. Er hatte keine Eingebungen, die ihn zitternd aufspringen und zum Pinsel greifen ließen; sein poetischer Blick schuf aus wirklicher Natur seine Kunst, die Komposition wurde vielleicht nach Erinnerungen der Wirklichkeit frei gebildet, dann aber trat das Studium an Stelle der Phantasie. Den Geist gab der Künstler, den Stoff mußte die Natur geben. Das war Knaus' Grundsatz, wenigstens wie ihn Munkacsy auffaßte, und ihm ist Munkacsy bis zum Schlusse treu geblieben.

Was die Kritik bei seinen „Eingefangenen Strolchen" bemerkte: „Jeder Kopf ist der Natur abgelauscht, typisch und scharf beobachtet", läßt sich auf alle seine Werke — vielleicht mit Abschwächung für die Louis XIII-Bilder und den Streik — anwenden.

Dabei war Munkacsy niemals berechnend oder gar philiströs in seiner Arbeit. Fourcand (Moniteur des Arts vom 10. Mai 1878) kennzeichnet ihn sehr hübsch: „Ein Wort gibt uns genau die Größe Munkacsys wieder: er hat das Auge eines Primitiven (Naturkindes) und die Hand eines Modernen. Ich hatte Gelegenheit, einige seiner ältesten Schülerzeichnungen zu sehen; sie sind mit der präcisen Kraft und der Anmut in der Beobachtung der alten Gotik gezeichnet..... Er gehört zu jenen Intuitiven, denen gewisse Rassenüberlieferungen angeboren zu sein scheinen, die selbst erfinden, was sie nicht wissen (?), sich niemals bei den Fußstapfen anderer aufhalten und dem Publikum — sie mögen machen, was sie wollen, — stets die Empfindung des Ergreifenden, Neuen geben."

Es ist wahr, er war nicht nur primitiv, er war naiv; die einfache, reine Natur zog ihn an, alles Gekünstelte stieß ihn ab; so ist es zum Beispiel bezeichnend für ihn, daß er die sogenannten „schönen Aussichten" nicht liebte, während ein schlichtes Naturbild, ein Sonnenuntergang über den Getreidefeldern oder die Straße mit dem Parkeingange von Colpach ihn auf seinen einsamen Spaziergängen fesseln und zur künstlerischen Wiedergabe anregen konnte (Abb. 116 und 120).

Wäre seine Kunst nicht so frisch, sie würde nie den oben gekennzeichneten Eindruck des Ergreifenden, Neuen auf uns machen. Munkacsy scheint, wenn wir sein „Werk" im Zusammenhang betrachten, von außerordentlicher Vielseitigkeit zu sein, und doch läßt sich fast alles auf einige stets wiederkehrende, aber glücklich gefundene Typen zurückführen. Wohl hat er das schon in den „Erinnerungen" ausgesprochene Princip durchgeführt: „sich nicht darum kümmern, was andere Maler schon gemacht haben", sich selber aber zu wiederholen hat er sich nicht gescheut. Diese Figuren passen nun aber so gut in das neue Bild, daß erst ein Hinweis uns die Ähnlichkeit zum Bewußtsein bringt. Man denke an die Zuschauer im „Verurteilten" und in den „Strolchen": das Mädchen mit dem

Abb. 117. Porträt von Franz von Liszt.

Korbe und der junge Mann mit dem ins Gesicht gedrückten Hut (in dem zweiten Bilde einer der Strolche) sind bis auf Einzelheiten dieselben. Der Verurteilte selber erinnert uns in der Stellung sowohl an Milton als auch an den sitzenden Mann im „Streik"; Munkacsys Gattin im „Atelier", die schreibende Tochter Miltons und die sitzende Dame in den „zwei Familien" haben fast die gleiche Haltung; Leonardo da Vinci und Raphael auf dem Plafond finden ihre Vorbilder im „Golgatha", Mozart sogar hat Ähnlichkeit mit — der Wöchnerin.

Die Beispiele, von denen nur die auffälligsten herausgegriffen sind, ließen sich noch bedeutend vervielfältigen, alle aber beweisen die künstlerische Naivität Munkacsys. Ist es ein Fehler? Nein, wenigstens, wenn wir nur das einzelne Kunstwerk betrachten. Munkacsy hat seine Wiederholungen so geschickt angebracht, daß der Gedanke, er habe sich selbst plagiiert, uns gar nicht kommen kann, und daß wir höchstens anerkennen müssen, wieviel der Maler mit so wenig Mitteln erreicht hat.

Aber nicht nur in seinen Mitteln, auch in seiner Auffassung ist Munkacsy naiv, und vielfach weiß er gerade dadurch den großen Eindruck auf uns zu machen. Was stört es ihn, daß Milton kaum die Mittel zum Leben besaß; in puritanischer Einfachheit hätte das Bild, wie er es sich dachte, nicht gewirkt; er wollte keinen vergrämten, entsagungsvollen Märtyrer oder verzückten Schwärmer darstellen. Das dichterische Schaffen, die echte Begeisterung sollte gezeigt werden, ohne daß der Gedanke einer schändlichen Ungerechtigkeit uns trübe stimmte. Im „Milton" sollte der Prophet in seinem Vaterlande geehrt sein!

Er denkt nicht daran, er will nicht daran denken, daß der Heiland nach durchwachter Nacht von zügelloser Soldateska und einer wilden Volksmenge umgeben zu Pilatus geschleppt wurde, daß seine Gewänder beschmutzt, zerrissen sein mußten: sein Christus steht in makellosem, weißem Kleide vor dem Prokonsul, denn die Hoheit, die er darstellen wollte, durfte keine Flecken aufweisen, und wären es auch nur Spritzen am Saume gewesen. Munkacsy wollte nicht wissen, daß Judas sich vor der Kreuzigung erhängt hat, sein Judas muß die Seelenmarter vor unseren Augen vollenden, er

Abb. 118. Christus. (Aus dem Gemälde Christus vor Pilatus.)
(Mit Genehmigung des Verlegers Ch. Sedelmeyer in Paris.)

muß seinen verratenen Erlöser kreuzigen sehen und dann von den Furien des Gewissens gepeitscht forteilen — wir ahnen, wohin!

Der Christuskopf auf den beiden ersten religiösen Gemälden machte Munkacsy besondere Schwierigkeiten. Als gläubiger Mensch mußte er in Christus seinen Gott sehen, als wahrer Künstler aber sah er — wie wir oben ausgeführt haben — die Unmöglichkeit ein, ein überirdisches Wesen darzustellen; er strengte sich an, das menschliche Ideal für seinen Heiland zu finden: „Ich bin ein Mensch und kann keinen Gott malen," sagte er, „so wollte ich nur einen Menschen malen und zwar den besten und weisesten, den ich ersinnen konnte. Das habe ich versucht."

Es ist ihm, wie wohl ziemlich allgemein anerkannt wird, gelungen (Abb. 118). Jokai behauptete z. B.: „Munkacsy hat einen Christus für die Ungläubigen gemacht, alle Früheren für die Gläubigen. Er fand und versinnbildlichte den **Geist in der Materie, die Gottheit im Menschlichen**." (Um so possierlicher klingt uns der Vorwurf eines französischen Kritikers gegen Munkacsy: „seinem blassen, anmutslosen Christus ein — ungarisches Gesicht gegeben zu haben!" Ein anderer Franzose entdeckt sogar, daß Munkacsys Christus ein — Slave ist!) — Es ist wahr: Munkacsy wandte sich mit seinen Darstellungen an ein naives Publikum, er verlangte keine genaue Kenntnis des dargestellten Stoffes, er verlangte keinen Glauben und war dennoch oder gerade deswegen seines Eindruckes sicher.

Auf zwei seiner großen Bilder, dem Plafond und dem Arpad hat der Künstler seinen eigenen Kopf angebracht, nicht aus kleinlicher Eitelkeit, um zu zeigen: so sah der aus, der die Geschichte gemalt hat! sondern zur Kennzeichnung seines künstlerischen wie seines patriotischen Standpunktes. Es sollte bedeuten, daß auch er in der Gesellschaft, die sein Pinsel zusammenstellte, seinen bescheidenen Platz beanspruchte: unter

Abb. 119. Selbstporträt Munkacsys. (Kohlezeichnung.)

den Künstlern der Renaissance wie unter den Größen seines Vaterlandes. War er sich doch bewußt, die Kunst, der sein ganzes Leben gewidmet war, ernst aufgefaßt und stets hoch, hehr und heilig gehalten zu haben; auch er träumte von einer Renaissance aus der Verkünstelung heraus in die Kunst, aus Unnatur in die Natur. Nicht in idealistischen Nebelgebilden, auf dem Boden der Wirklichkeit hatte er seine Welt gebaut, auch darin fühlte er sich eins mit jenen, die aus scholastischem Formelkram des Mittelalters heraus die Rückkehr zur frischen, gesunden Natur gelehrt hatten.

Aber auch inmitten der Ungarn, zwischen den Arpadkriegern wollte Munkacsy seine Stelle haben. Er wußte, daß die Wurzeln seiner Kraft im Vaterlande lagen, wie auch, daß sein Name stets in der Geschichte Ungarns seinen Platz behalten würde. Was ist nationale Kunst? Ist die Malerei, die Architektur und Musik nicht international? Nein. Wie der Dichter aus der Muttersprache seine Poesie schöpft, so muß jeder Künstler aus seinem Volke herauswachsen. Stimmung und Temperament, Anschauung und Auffassung, den Grundton seines Wesens dankt er der Heimat. Er hüte sich, die natürliche Grenze zu überschreiten; fremdes Land und fremde Sitten mag er erforschen, mag er in seinem Werke wiedergeben — nur wer versucht, mit fremdem Auge zu schauen, in fremder Art zu denken, wird haltlos, wird unverständlich und unverstanden.

Ungarisch ist Munkacsys Kunst, und doch beginnt Ungarns Kunst eigentlich erst mit ihm; nicht die Schwermut, nicht die Leidenschaft allein machen ihn zum Ungarn, sein ganzes Wesen ist einheitlich, eben weil er auch in Frankreich Ungar blieb. —

Wer Munkacsy verstehen will, muß die Farben seiner Gemälde auf sich wirken lassen; mehr noch bei ihm als bei anderen Künstlern verlieren die Abbildungen seiner Werke den Schmelz des Originals. Die warmen Abtönungen, das leuchtende Schwarz, das volle, satte Rot und Blau neben durchsichtigem, tiefem Halbdunkel des Hintergrundes, die klare Luft, die schweren Gewitterwolken muß man gesehen haben, um auch an einer Photographie, einem Stich, einer Radierung die Erinnerung an das Gemälde selber wieder auffrischen zu können. — — —

Wohl hat Munkacsy Fehler, aber, wie von Ribot gesagt wurde, Fehler, die nicht jeder haben kann. Wer unbefangen sein Werk auf sich wirken läßt, wird den Eindruck einer markigen, festen Persönlichkeit, eines starken Charakters und guten Herzens empfinden.

Munkacsy war ein ganzer Mann und hoch begnabeter Künstler; wie und was man auch im einzelnen an seinen Bildern tadeln mag, es bleibt wahr, was ein Kritiker vor dem „Milton" sagte: „Munkacsys Wollen ist groß und ehrlich gewesen."

Abb. 120. Federskizze zu einer Landschaft.